IBAES   Vol. 22

Internet-Beiträge zur Ägyptologie und Sudanarchäologie
Studies from the Internet on Egyptology and Sudanarchaeology

Rolf Krauss

Sigmund Freud und sein Buch
Der Mann Moses

Eine kritische Würdigung
aus ägyptologischer und anthropologischer Sicht

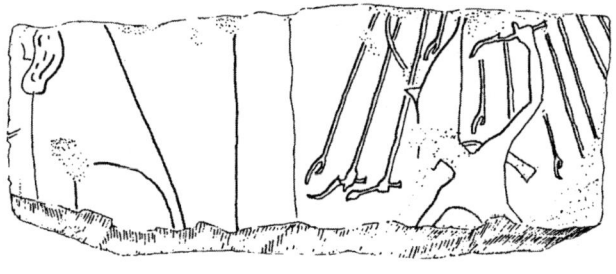

www.ibaes.de

Berlin / London   2019

Internet-Beiträge zur Ägyptologie und Sudanarchäologie

Herausgeber:	Steffen Kirchner, Berlin
	Gunnar Sperveslage, Köln
Advisory Board:	Alexander Ahrens, Berlin
	Richard Bußmann, Köln
	Martin Fitzenreiter, Münster
	Angelika Lohwasser, Münster
	Ludwig D. Morenz, Bonn
	Kerstin Volker-Saad, Berlin
	Wolbert G. C. Smidt, Mekelle, Tigray

Printed in the United Kingdom
London 2019

ISBN 978-1-906137-64-9

Published by	Golden House Publications, London
	www.goldenhp.co.uk
	GoldenHouse100@aol.com
Online publication	http://www2.rz.hu-berlin.de/nilus/net-publications/ibaes22
	www.ibaes.de
Layout	Gunnar Sperveslage, Köln
Titelbild	König Echnaton und Sonnengott Aton beim Erschlagen-des-Feindes; nach: Traunecker 1984, Fig.1

Der vorliegende Band enthält die Textfassung des im Internet veröffentlichten Werkes. Die aus dem Format PDF gedruckte Textfassung entspricht der im Internet unter oben angegebener der Adresse abrufbaren Originalfassung.
Bei Zitierung der Arbeit ist bitte immer die URL der Originalfassung anzugeben (zum Zitieren von Internetpublikationen allgemein siehe das Vorwort von IBAES I). Empfohlene Zitierweise:

> Rolf Krauss: Sigmund Freud und sein Buch *Der Mann Moses*. Eine kritische Würdigung aus ägyptologischer und anthropologischer Sicht, IBAES 22, Internetfassung: URL: http://www2.rz.hu-berlin.de/nilus/net-publications/ibaes22, Berlin, 2019, Printfassung: GHP, London, 2019

Alle Rechte beim Autor.

IBAES Vol. 22

Internet-Beiträge zur Ägyptologie und Sudanarchäologie

Studies from the Internet on Egyptology and Sudanarchaeology

Herausgegeben von Steffen Kirchner und Gunnar Sperveslage

Rolf Krauss

Sigmund Freud und sein Buch
Der Mann Moses

Eine kritische Würdigung
aus ägyptologischer und anthropologischer Sicht

Berlin / London   2019

Inhaltsverzeichnis

I. 1

    Freud als Autor des *Mannes Moses* 1

    Freuds Selbstverständnis als Jude 3

    Freud als Religionsgegner 4

II. 7

    Freuds Ausgangspunkt: Der Name Moses 7

    Gardiner und Černý zur Namensform Μωυσης 8

    Thissen zur Namensform Μωυσης 12

    Moses als ägyptischer Name 13

III. 18

    Freuds Deutung der Aussetzung und Rettung des Moses-Knaben 18

    Sagenhafte Aussetzung und Rettung von Kindern 21

    Freuds Deutung der Aussetzungssage 23

    Die Aussetzung von Romulus und Remus: Eine Parallele zur Mosessage 25

    Die zwei Familien der Aussetzungssage: Erzählerischer Zweck 26

    Die Sage über Aussetzung und Rettung des persischen Königs Kyros 28

    Märchenhaftigkeit der Aussetzungssagen 29

IV. 32

    Moses – ein Jünger Echnatons? 32

    Sonnen-Hymnus Echnatons und Psalm 104 38

    Arthur Weigall – Freuds unzuverlässiger ägyptologischer Gewährsmann 41

    Der Einfluss von Дмитрий Мережковский auf Freud 43

    Biblische Gottesbezeichnung Adon und ägyptischer Gott Aton 45

    Freuds Irrtum über Echnatons Jenseitsvorstellungen 50

    König Echnaton zwischen den Göttern Aton und Amana/Amun 54

    Echnatons Angriff auf den Gott Amana, seine Partnerinnen Amunet und Mut sowie die Göttin Nechbet 59

    Tilgungen der Mut-Geier-Hieroglyphe 62

    Verfolgung der Göttin Nechbet 64

    Selektive Verfolgung der Götter Min und Monthu 67

Tilgung des Pluralwortes GÖTTER	69
Ägyptologische Vorurteile?	76
Begründung von Echnatons Tilgungsaktion	78
Angriffe auf Gottheiten	79
Unterschiede zwischen Aton-Religion und Jahweh-Religion	80
V	**83**
Jahweh als midianitischer Vulkangott?	83
Moses als midianitischer Hirt?	87
VI	**91**
Moses und der Freudsche Mord am Urvater	91
Darwins Überlegungen zur Ur-Familie	95
Totemismus und Inzestscheu	97
Die Totemmahlzeit nach Robertson Smith	101
Die Wiederkehr des Vatergottes: Geschichtlicher Wahrheitsgehalt in jüdischer und christlicher Religion	106
Widerstand gegen den alttestamentlichen Gott	110
VII	**112**
Freuds ethnologischer Gegner: Pater Wilhelm Schmidt	112
Schmidts Kritik an Freud	114
Freuds Reaktion auf Schmidts Kritik	115
Die Ur-Offenbarung Gottes nach Pater Schmidt	116
Nachwort	**123**
Bibliographie	**125**

I

Freud als Autor des *Mannes Moses*

> „Einem Volkstum den Mann abzusprechen, den es als den grössten unter seinen Söhnen rühmt, ist nichts, was man gern oder leichthin unternehmen wird, zumal wenn man selbst diesem Volk angehört. Aber man wird sich durch kein Beispiel bewegen lassen, die Wahrheit zugunsten vermeintlicher nationaler Interessen zurückzusetzen ...".[1]

Mit diesen selbstsicher und auftrumpfend klingenden Worten leitete der jüdische Wissenschaftler Sigmund Freud seine Abhandlung über die ägyptische Abstammung des Mannes Moses ein. Seit 1934 sass er in Wien an dieser Arbeit, glaubte aber nicht an die Möglichkeit, sie vollständig veröffentlichen zu können:[2] „Ich beschloss sie liegen zu lassen, aber sie quälte mich wie ein unerlöster Geist, und ich fand den Ausweg, zwei Stücke von ihr selbständig zu machen und in unserer Zeitschrift *Imago* zu publizieren ...". Beide Artikel erschienen 1937, einer unter dem Titel *Moses ein Ägypter*, der andere hiess *Wenn Moses ein Ägypter war*. Erst 1939 – wenige Monate vor seinem Tod – konnte der inzwischen 83jährige Freud das Buch *Der Mann Moses und die monotheistische Religion* veröffentlichen.[3] Das Buch enthielt die beiden Aufsätze von 1937 und einen dritten, religionskritischen Teil.

Was Freud um 1937 meinte für sich behalten zu sollen, war seine Antwort auf die Frage, wie sich eine korrigierte Religionsgeschichte des Judentums darstellt, wenn Moses kein geborener Jude, sondern ein Ägypter war. Freuds Antwort auf diese Frage schien ihm geeignet, den Zorn des katholisch gesinnten österreichischen Staates auf sich zu lenken. Vor dem März 1938, und vor dem Zugriff des Reiches auf die Ostmark, schrieb Freud mit einem erstaunlichen Mass an Koketterie:[4] „Wahrscheinlich werde es den massgebenden Stellen recht gleichgültig sein, was ich über Moses und den Ursprung der monotheistischen Religion schreiben wolle. Viel eher scheint mir möglich, dass Bosheit und Sensationslust das wettmachen werden, was mir im Urteil der Mitwelt an Geltung fehlt. Ich werde diese Arbeit also nicht bekannt machen, aber das braucht mich nicht abzuhalten, sie zu schreiben."

Schon im September 1934 sprach Freud in einem Brief an den deutsch-jüdischen Schriftsteller Arnold Zweig über Sorgen, die er sich als Begründer der Psychoanalyse machen musste:[5] „Man sagt, dass die Politik unseres Landes von einem Pater Schmidt gemacht wird, der in St. Gabriel bei Mödling lebt, der Vertrauensmann des Papstes ist

---

[1] Freud 1950, 103.
[2] Freud 1950, 210.
[3] Zur Entstehung und Bibliographie des in Teilen erschienenen *Mannes Moses*, siehe Grubrich-Simitis 1974, 457–458.
[4] Freud 1950, 158.
[5] Freud 1968a, 102.

und zum Unglück selbst ein Ethnolog und Religionsforscher, der in seinen Büchern aus seinem Abscheu vor der Analyse und besonders meiner Totemtheorie kein Geheimnis macht."

Pater Schmidt, so argwöhnte Freud, war für das kürzlich erfolgte Verbot einer von italienischen Psychoanalytikern herausgegebenen Zeitschrift verantwortlich.[6] Für den Fall der Veröffentlichung seiner Moses-Studie befürchtete Freud ein Verbot der ärztlichen Psychoanalyse in Wien. Zwar sagte er, dass diese Gefahr ihn wenig beeindrucken würde, wenn sie nur ihn selbst beträfe, „aber alle unsere Mitglieder in Wien erwerbslos zu machen, ist mir eine zu grosse Verantwortlichkeit". Wie gut oder schlecht begründet diese Hemmungen auch immer gewesen sein mögen – im März 1938 veränderte Hitlers Politik auch die Situation von Sigmund Freud:[7] „Und dann kam plötzlich die deutsche Invasion; der Katholizismus erwies sich, mit biblischen Worten zu reden, als ein *schwankes Rohr*.[8] In der Gewissheit, jetzt nicht nur meiner Denkweise, sondern auch meiner *Rasse* wegen verfolgt zu werden, verliess ich mit vielen Freunden die Stadt, die mir von früher Kindheit an, durch 78 Jahre Heimat gewesen war." Auch einer von Freuds wissenschaftlichen Gegnern, Pater Schmidt, sah sich genötigt zu emigrieren. Schmidt verliess Wien Anfang April 1938;[9] im Tod kehrte er 1954 nach St. Gabriel zurück, wo er im Klosterfriedhof begraben liegt.

Die Wannsee-Konferenz, die den planmässigen Holocaust der im deutschen Machtbereich lebenden Juden einleiten sollte, und dem auch die Schwestern Freuds zum Opfer fielen,[10] fand am 20. Januar 1942 statt. Als Freud in Wien über Moses arbeitete, zielte die nationalsozialistische Politik gegenüber dem Judentum auf Unterdrückung, noch nicht auf Vernichtung. Der Psychiater Sigmund Freud war den Nationalsozialisten nicht allein als Jude, sondern vor allem als Begründer der Psychoanalyse ein Dorn im Auge. Freuds psychoanalytische Lehre galt als *artfremd* und bei den 1933 im Deutschen Reich veranstalteten inoffiziellen (nicht staatlichen) Bücherverbrennungen endeten auch die Schriften Sigmund Freuds auf dem Scheiterhaufen.

Damals zeigte sich Freud nicht sonderlich beeindruckt und lästerte:[11] „Was wir für Fortschritte machen! Im Mittelalter hätten sie mich verbrannt, heutzutage begnügen sie sich damit, meine Bücher zu verbrennen." Aber schon ein Jahr später – angesichts

---

[6] Die *Rivista italiana di psicoanalisi* erschien erst seit 1933; es hatte kein direktes Verbot gegeben: „La rivista dovette chiudere dopo due anni, perché le autorità fasciste non rinnovarono i permessi necessari per la publicazione", siehe <http://www.aspi.unimib.it/collections/entity/detail/169/> (Zugang 28.12. 2016).

[7] Freud 1950, 159.

[8] Anspielung auf Lukas 7, 24, und Matthäus 11, 7, mit den auf den *edlen Täufer, Christ's Vorläufer* bezogenen Fragen von Jesus: „Was seid ihr hinausgegangen in die Wüste zu sehen? Wolltet ihr ein Rohr sehen, das der Wind hin und her bewegt?"

[9] Bornemann 1982, 281–282; siehe auch Brandewie 2001, 115–131.

[10] Gay 1989, 731: „Adolfine verhungerte im Lager Theresienstadt, die anderen drei wurden 1942, wahrscheinlich in Auschwitz, ermordet (Martin Freud, Freud, S. 15f.)".

[11] Jones 1962, 218; siehe Gay 1989, 812 n. 14.

der im Deutschen Reich ausgebrochenen Verfolgungen – fragte er sich verunsichert,[12] „wie der Jude geworden ist und warum er sich diesen unsterblichen Hass zugezogen hat: Ich hatte bald die Formel heraus. Moses hat den Juden geschaffen ...".

Freuds Selbstverständnis als Jude

In Sigmund Freud diskriminierten die Nationalsozialisten einen jüdischen Wissenschaftler, dem seine Volksgenossen vorwerfen konnten, die Juden durch seine Erkenntnis zu beunruhigen, Moses, der Stifter des Judentums, wäre selbst kein Jude gewesen, sondern ein Ägypter:[13] „Eben vor einer halben Stunde hat mir die Post den Brief eines jungen jüdischen Amerikaners gebracht, in dem ich gebeten werde, den armen, unglücklichen Volksgenossen nicht den einzigen Trost zu rauben, der ihnen im Elend geblieben ist. Der Brief war nett und wohlmeinend, aber welche Überschätzung! Soll man wirklich glauben, dass meine trockene Abhandlung auch nur einem durch Heredität und Erziehung Gläubigen, selbst wenn sie ihn erreicht, den Glauben stören wird?"

Der gleiche Freud, der seine Mitjuden in ihrer Identität verunsicherte, bekannte sich zeitlebens in loyaler Weise zu seinem Judentum. „Meine Eltern waren Juden, auch ich bin Jude geblieben", schrieb er 1925 in einer Selbstdarstellung (der Psychoanalyse und ihrer Entstehung / Entwicklung).[14] Er heiratete eine Jüdin, auch seine Kinder heirateten jüdische Partner.Die Freunde Sigmund Freuds waren fast ausschliesslich Juden und bis zur Emigration gehörte er als zahlendes Mitglied zur jüdischen Kultusgemeinde in Wien.[15]

Freud hat nicht nur öffentliche Lippenbekenntnisse zu seinem Judentum abgegeben, er identifizierte sich auch im intimen Bereich seiner Phantasien als Jude und allgemein als Semit, machte also keinen wissenschaftlichen Unterschied zwischen Sprach- und Rasse-Zugehörigkeit. Tagträumend setzte sich der junge Sigmund Freud mit seinen Vorfahren gleich, die vor zweitausend und mehr Jahren lebten, aber auch mit dem „semitischen Feldherrn" Hannibal.[16] Während der Verlobungszeit hat er diese Phantasien seiner Braut brieflich anvertraut:[17] „... mir war oft so, als hätte ich den ganzen Trotz und die ganze Leidenschaft unserer Ahnen, als sie ihren Tempel verteidigten, geerbt, als könnte ich für einen grossen Moment mit Freude mein Leben hinwerfen".

Zu dieser Begeisterung über sich selbst mag das *bisschen Cocain* beigetragen haben, das der Briefschreiber an jenem Februartag des Jahres 1886 eingenommen hatte, weil ihm die Teilnahme an einer Abendgesellschaft bevorstand und er seine Schüchternheit

---

[12] Freud 1968a, 102.
[13] Freud 1968a.
[14] Freud 1948, 34; siehe Gay 1989, 14.
[15] Schlesier 1993, 241 Anm. 51.
[16] Gay 1989, 20–21, 30, 162, mit Verweis auf Freud 1942, 202–203.
[17] Freud 1968b, 208–209.

mit Hilfe der Droge überwinden wollte.[18] Aus dem Brief, in dem Freud über den Verlauf der Abendgesellschaft berichtete, geht auch hervor, mit welchem Zwiespalt der Jude Freud seinem deutschen Wirtsvolk gegenüberstand. Er berichtete seiner Braut über die Unterhaltung mit einem französischen Kollegen, der „natürlich den wütendsten Krieg mit Deutschland prophezeite. Ich gab mich gleich als juif [Jude], der weder Deutscher noch Österreicher sei, zu erkennen. Solche Gespräche sind aber immer sehr peinlich für mich, denn ich fühle was Deutsches sich in mir regen, was ich zu unterdrücken lange beschlossen habe".[19]

Als der Antisemitismus nach dem 1. Weltkrieg in Deutschland anwuchs, wandte sich Freud von den Deutschen vollends ab. 1926 gab er dem Publizisten George Sylvester Viereck ein Interview, in dem folgender Passus vorkommt:[20]

> His sense of righteousness is the heritage of his ancestors. It is a heritage of which he is proud, as he is proud of his race.
> „My language," he explained to me, „is German. My culture, my attainments are German. I considered myself a German intellectually, until I noticed the growth of anti-Semitic prejudice in Germany and in German Austria. Since that time, I consider myself no longer a German. I prefer to call myself a Jew."
> I was somewhat disappointed by this remark.

Freuds Worte klingen nach einer enttäuschten Liebe zu den Deutschen und nach trotziger Selbstbestätigung als Jude. Darf man darüber hinaus auf Freuds Unzufriedenheit mit seinem Judentum schliessen und auf den unterdrückten Wunsch, kein Jude zu sein? Der unterdrückte Wunsch hätte sich in maskierter Weise darin zeigen können, dass Freud aus Moses einen Nichtjuden machte. Jüdische Kritiker, die sich durch Freud in ihrem Nationalstolz verletzt fühlten, haben entsprechende Vorwürfe gegen Freud erhoben. Es muss aber offen bleiben, ob die Unterstellungen berechtigt sind, denn was Freud im Innersten dachte, können wir nicht wissen.

Freud als Religionsgegner

Ohne Zweifel stand der gottlose Jude Sigmund Freud der religiösen Tradition seiner Nation mit Abneigung gegenüber. Wie er einmal brieflich äusserte, hat „Palästina nichts gebildet als Religionen, heiligen Wahnwitz, vermessene Versuche, die äussere Scheinwelt durch die innere Wunschwelt zu bewältigen".[21] Als der jüdische Verein der Bundesbrüder seinem Mitglied Sigmund Freud zum 70. Geburtstag ein Heft der Vereinszeitschrift widmete, äusserte der Jubilar über die darin enthaltenen freundlichen

---

[18] Freud 1968b, 207.
[19] Freud 1968b, 209–210.
[20] G. S. Viereck, *An Interview with Freud*, in: <http://www.psychanalyse.lu>; siehe auch Gay 1989, 504, mit Literatur-Verweis.
[21] Freud 1968a, 51.

Aufsätze:[22] „Sie waren im grossen und ganzen ziemlich harmlos. Ich selbst halte mich für einen der schlimmsten Feinde der Religion, aber sie scheinen davon nichts zu ahnen."

Seinen arglosen Wiener Bundesbrüdern schrieb Freud einen Dankesbrief, in dem er seine jüdische Identität definierte:[23] „Hochwürdiger Grosspräsident, würdige Präsidenten, liebe Brüder! Dank für die Ehren, die Sie mir heute erwiesen haben. ... Was mich ans Judentum band, war – ich bin schuldig, es zu bekennen – nicht der Glaube, auch nicht der nationale Stolz, denn ich war immer ein Ungläubiger, bin ohne Religion erzogen worden, wenn auch nicht ohne Respekt vor den *ethisch* genannten Forderungen der menschlichen Kultur. Ein nationales Hochgefühl habe ich, wenn ich dazu neige, zu unterdrücken mich bemüht, als unheilvoll und ungerecht, erschreckt durch die warnenden Beispiele der Völker, unter denen wir Juden leben. Aber es blieb genug anderes übrig, was die Anziehung des Judentums und der Juden unwiderstehlich machte, viele dunkle Gefühlsmächte, umso gewaltiger je weniger sie sich in Worte fassen liessen, ebenso wie die klare Bewusstheit der inneren Identität, die Heimlichkeit der gleichen seelischen Konstruktion".

Hier erinnerte der Jubilar seine Bundesbrüder in höflicher und freundlicher Weise, aber unmissverständlich, an die Religionslosigkeit, die ihn bei allen sonstigen Gemeinsamkeiten von seinen Mitjuden trennte. Als aber Charles Singer im Herbst 1938 an Freud herantrat und ihm nahelegte das Moses-Buch nicht zu veröffentlichen, reagierte er gereizt.[24] Singer war ein renommierter Medizinhistoriker, der auch als Autor über die allgemeine Wissenschaftsgeschichte einen Namen besass. Wie Freud, bekannte sich auch Singer zu seiner jüdischen Abstammung, aber dieser Sohn eines Rabbis scheint gegenüber dem Judentum eine tiefere Verpflichtung als Freud gefühlt zu haben. Singer befürchtete, Kreise der anglikanischen Kirche würden Freuds Buch als jüdischen Angriff auf die christliche Religion auffassen, was für die Juden böse Folgen haben könnte, weil in England vor allem die Kirche ein Bollwerk gegen den Antisemitismus bildete.[25]

Freud gab Singer, dem Wissenschaftshistoriker, höhnisch zu verstehen, dass „man sein Moses-Buch nur insofern einen Angriff auf die Religion heissen kann, als ja jede wissenschaftliche Untersuchung eines religiösen Glaubens den Unglauben zur Voraussetzung hat". Singers Befürchtungen hielt Freud den scheinbaren Einwand entgegen, sein Buch würde eigentlich nur den jüdischen und nicht den christlichen Glauben angreifen. Schliesslich räumte er doch ein, dass auch die Christen sich angegriffen fühlen könnten, weil ihnen einige Seitenbemerkungen gälten, „die nichts bringen, was nicht längst gesagt worden wäre. Man kann höchstens den alten Spruch zitieren: *Mitgefangen, mitgehangen*".

---

[22] Jones 1962, 151; Zitat aus einem Brief von Freud an Marie Bonaparte.
[23] Freud 1941, 51–52; Freud 1968b, 380–382; siehe Gay 1989, 675.
[24] Freud 1968b, 469–470.
[25] Gay 1989, 717.

Freud war sich bewusst, dass sein Angriff auf die jüdische Religion einen Angriff auf ein Gut darstellte, das seinen Mitjuden lieb und teuer war: „Natürlich kränke ich auch meine Volksgenossen nicht gerne. Aber was kann ich dabei machen?" Warum er keine andere Wahl hat, erklärt Freud nicht, sondern verweist darauf, dass er von jeher in dieser agressiven Weise handelte: „Ich habe mein ganzes langes Leben damit ausgefüllt, für das einzutreten, was ich für die wissenschaftliche Wahrheit hielt, auch wenn es für meine Nebenmenschen unbequem und unangenehm war. Ich kann es nicht mit einem Akt der Verleugnung beschliessen". Der Wissenschaftler Singer wird diese Zeilen nicht gern gelesen haben, denn Freud liess ihn verstehen, es sei um dessen Eintreten für die wissenschaftliche Wahrheit schlecht bestellt. Und es ist Feigheit, was Freud am Ende des Briefes seinem Mitjuden Singer unterstellt: „man wirft uns Juden vor, dass wir im Laufe der Zeiten feige geworden sind. (Wir waren einmal eine tapfere Nation). An dieser Verwandlung habe ich keinen Anteil erworben. Ich muss es also riskieren."

Meinerseits kann ich als Wissenschaftler Freuds Konsequenz nur gutheissen. Aber hat Freud das geschichtlich Richtige getroffen, als er Moses zu einem Ägypter machte?

II

Freuds Ausgangspunkt: Der Name Moses

Freud war sich über das Risiko im Klaren, als er die geschichtliche Existenz von Moses voraussetzte:[26] „Der Mann Moses, der dem jüdischen Volke Befreier, Gesetzgeber und Religionsstifter war, gehört so entlegenen Zeiten an, dass man die Vorfrage nicht umgehen kann, ob er eine historische Persönlichkeit oder eine Schöpfung der Sage ist." Ohne auf das Problem näher einzugehen, entschied sich Freud zugunsten der Geschichtlichkeit von Moses. Mit seinen einleitenden Überlegungen knüpfte er in unkomplizierter Weise an den bekannten Sachverhalt an, dass man *Moses* nicht aus dem Hebräischen erklären kann, wohl aber aus dem Ägyptischen. So wie man den Namen מֹשֶׁה heute hebräisch schreibt, muss man ihn *Moschæ* lesen, mit einem langen *o* und einem kurzen und betonten ä-ähnlichen Laut. Bei der heutigen Schreibung muss man bedenken, dass es eine Zeit gab ohne hebräisches Alphabet, ohne die späteren orthographischen Regeln, ohne *matres lectionis* sowie ganz und gar ohne masoretische Punktation.

Als jüdische Übersetzer in vorchristlicher Zeit die Bücher des Alten Testamentes ins Griechische übertrugen, da hängten sie zur Angleichung an die übliche Endung griechischer Männernamen auch an *Moschæ* ein Schluss-*s* an; später übernahmen die lateinischen Bibelübersetzer dieses *s*. Als jedoch Luther das Alte Testament direkt aus dem Hebräischen übertrug, liess er das griechische Schluss-s von Moses wieder weg. Daher ist den deutschen Protestanten das lutherische Mose vertraut, den Katholiken das griechisch-lateinische Moses. Freud benutzte die Form *Moses*, was ich übernehme.

Was den Buchstaben Schin (שׁ) im hebräischen *Moschæ* angeht, so konnten es die ersten Übersetzer in Alexandria nur als Sigma-*s* wiedergeben, weil die Griechen kein *sch* kannten und daraus bei barbarischen Wörtern stets ein *s* machten. Entsprechend haben die hebräischen Namen Schemuel und Schelomo in den Formen Samuel und Salomo Eingang in die europäischen Sprachen gefunden.

Das Alte Testament bietet einen vergeblichen Versuch den Namen *Moschæ* aus dem Hebräischen abzuleiten. In der nach Luther *seer fein einfeltig* erzählten Geschichte,[27] wie die ägyptische Prinzessin den kleinen Moses im Binsenkörbchen findet und rettet, heisst es: „Und es (das Kind) ward ihr Sohn und sie hiess ihn *Moschæ*; denn sie sprach: Ich *habe-herausgezogen ihn* (hebräisch: *meschiti hu*) aus dem Wasser."

Ja, sollte die ägyptische Prinzessin wirklich *meschiti* gesagt haben? Ja, sprach sie denn Hebräisch und konnte das Perfekt des zumindest im Alten Testament sehr selten vorkommenden Zeitwortes *mascha* (מָשָׁה) konjugieren? Im gesamten AT findet sich

---

[26] Freud 1950, 103.
[27] Luther 1911, 236.

mascha nur noch in dem König David zugeschriebenen Psalm 18 (Vers 17), sicher Jahrhunderte nach Davids Tod verfasst (wenn denn David gelebt haben sollte).[28] Der Erfinder der biblischen Erzählung über die Rettung des Mosesknaben durch die hebräisch sprechende ägyptische Prinzessin hat wohl mit *seer fein einfeltigen* und gutgläubigen Lesern gerechnet:

> Guten schreibt er, das glaub ich, die Menschen müssen wohl gut sein,
> die das alberne Zeug lesen und glauben an ihn – (*Goethe*)[29]

Luther griff den Hinweis auf das hebräische Zeitwort *mascha* (herausziehen) in seiner Bibelübersetzung auf und liess in der Ausgabe von 1523 als Randglosse drucken:[30] „Masa heyst zihen da her heyst Mose getzogen, nemlich aus dem wasser". Wenn aber das gerettete Kind *der (aus dem Wasser) Herausgezogene* heissen würde, dann müsste sein Name hebräisch *Maschui* lauten – das wäre die richtige Form des passiven Partizips. Dagegen kann der Name *Moschæ* im Hebräischen nur *der Herausziehende* bedeuten, denn *Moschæ* hat die Form eines aktiven Partizips. Aber der sprachlich richtige Sinn des Namens würde nicht auf die Situation des passiv aus dem Wasser gezogenen und geretteten Kleinkindes passen.

Was die Bibel ihren Lesern an dieser Stelle bietet, ist eine naive, nicht bösartig täuschen wollende sogenannte Volks-Etymologie, eine falsche und unwissenschaftliche Erklärung eines einem Juden unverständlichen, weil fremden Namens, auf der Grundlage des Anklangs an das hebräische Zeitwort *mascha*. Der biblische Erfinder der Namenserklärung hätte für unsere Einwände wenig Verständnis gehabt, er hatte wohl lediglich ein hebräisches Wortspiel im Sinn und dachte nur an die gleichen Konsonanten von *Moschæ* und *mascha*. Die Vokale und damit die genaue sprachliche Bedeutung sind bei hebräischen Wortspielen in der Regel ohne Bedeutung. Abgesehen von dieser vermutlich von vornherein nicht im modernen Sinn ernst gemeinten Erklärung, gibt es keinen anderen Versuch, den Namen *Moschæ* aus dem Hebräischen abzuleiten.

Gardiner und Černý zur Namensform Μωυσης

Es gibt moderne wissenschaftliche Versuche den Namen *Moschæ* aus dem Ägyptischen abzuleiten, sowie antike Versuche, die zu wünschen übrig lassen. Die biblische Erklärung, wie Moses zu seinem Namen kam, mag bereits jene Juden befremdet haben, die vor rund 2200 Jahren ihre hebräisch geschriebenen heiligen Schriften ins Griechische übersetzten. So ungefähr geht die Legende: 72 jüdische Gelehrte haben in 72 Tagen die fünf Bücher Moses ins Griechische übersetzt; jeder arbeitete für sich allein und doch stimmten alle Übersetzungen überein. Man nennt die Übersetzung Septuaginta,

---

[28] Fast hätte ich es vergessen: eine grammatische Form von מֹשֶׁה gibt es auch in 2 Samuel 22, 17, siehe Gesenius 1987–2012, 749.
[29] Goethe 1887, 458 (Distichen).
[30] Luther 1972, 202.

was das lateinische Zahlwort für 70 ist und benutzt als Kürzel die römischen Zahlzeichen LXX.

Die jüdischen Bibelübersetzer lebten zusammen mit nicht wenigen ihrer Volksgenossen als Minderheit in der damaligen ägyptischen Hauptstadt Alexandria. Die Mehrheit in der Stadt stellten aber nicht die Ägypter, sondern die Griechen, die seit den Tagen Alexanders des Grossen das Land am Nil beherrschten. Die in Verwaltung und Wirtschaft Ägyptens geltende Sprache war selbstverständlich die der griechischen Herren.

Auch die jüdischen Einwanderer bedienten sich des Griechischen, so dass sie ihre aramäische Umgangssprache vergassen. Denn seit langem hatten die Juden ihre alte hebräische Umgangssprache aufgegeben und das in Syrien beheimatete Aramäisch übernommen. Hebräisch und Aramäisch sind nah verwandte nordwestsemitische Sprachen, was es den Juden leicht machte, das Aramäische zu übernehmen. Hebräisch – die Sprache, in der die Bibel geschrieben ist – wurde im Lauf der Zeiten eine Buchsprache, ähnlich wie Latein im heutigen Gebrauch der katholischen Kirche. Die griechisch sprechenden Juden in Alexandria konnten und wollten ihre heiligen Schriften nicht mehr im hebräischen Urtext, sondern in ihrer griechischen Umgangssprache lesen.

Unter diesen Umständen hätte man von den LXX als Umschreibung von *Moschæ* ein griechisches Μωσης erwartet, wie christliche Autoren später schreiben;[31] aber die LXX haben Μωυσης geschrieben. Im damaligen Griechisch war υ/Υ in Μωυσης / ΜΩΥΣΗΣ ein u-Laut, aus dem im Lauf der griechischen Sprachgeschichte ein i-Laut wurde. Daher heisst das griechische υ/y im Deutschen Ypsilon, nicht Upsilon. Und im französischen Alphabet trägt υ/y den Namen *i-grec* (griechisches i) und der biblische Moses / Μωυσης heisst heute im französischen Sprachbereich Moïse, was man mo-i-se ausspricht. In ähnlicher Weise hat man im älteren Italienisch und im Englisch des 16. und 17. Jahrhunderts nicht Moses gesprochen und geschrieben, sondern Moyses (Moises).

Und das jiddische *Mojsche* (yiddish: Moishe)? Bei einer flüchtigen Durchsicht der Literatur habe ich keinen Kommentar zu *Mojsche* finden können. Ich begnüge mich mit der Vermutung, dass jiddisches Mojsche zu verstehen ist wie jiddisches *lojb* aus deutschem *Lob*,[32] entsprechend dem Wechsel von urjiddischem *o* zu südjiddischem *oj*.[33]

Was also soll das *u* in Μωυσης? Die LXX haben keine erklärende Glosse hinterlassen. Es war der in Alexandria lebende jüdisch-hellenistische Philosoph Philo (ca. 25 vor bis 50 nach Christus), der in seiner Schrift ΠΕΡΙ ΤΟΥ ΒΙΟΥ ΜΩΥΣΕΩΣ, I 17 die Namensform Μωυσης erklärte:[34] „Ensuite, la princesse lui donne le nom de Moïse dans son sens étymologique, puisqu'on l'avait retiré des eaux. Les Égyptiens appellent en effet l'eau *môy* (μωυ)." Μωυ (ΜΩΥ) ist eine tadellose griechische Umschrift von ⲙⲱⲟⲩ (mou), wie

---

[31] Jeremias 1942, 853–854.
[32] Lötzsch 1992, 112, 122.
[33] Allerhand 2002, 51.
[34] Philo 1967, 34–35.

das Wort für Wasser im unterägyptischen (bohairischen) Dialekt lautete.[35] Sprach also die Prinzessin nicht mangelhaft Hebräisch, sondern gut Ägyptisch? Hat sie also ägyptisch **mou-se* gesagt und nicht hebräisch *Moschæ*? Im Sinn von Philos Erklärung, wäre den jüdischen Bibelübersetzern das ägyptische Wort *mou*/Wasser bekannt gewesen und sie hätten es in die erste Silbe von Μωσης hinein gedeutet, während sie die Silbe –*se(s)* unerklärt liessen. Vermutlich waren die Juden in Alexandria so wenig wie die Griechen der ägyptischen Sprache mächtig;[36] einzelne ägyptische Brocken, wie das Wort für *Wasser*, mögen sie gekannt haben.

Ein halbes Jahrhundert nach Philo findet sich bei Flavius Josephus eine über Philo hinausgehende Erklärung von Μωυσης. Was Josephus meinte, hat jedoch erst der Ägyptologe Sir Alan Gardiner verständlich gemacht. 1936 veröffentlichte Gardiner einen Artikel über den ägyptischen Ursprung einiger englischer Personennamen, wie beispielsweise des modernen Frauennamens Susan und des in der Puritanerzeit häufigen Männernamens Phineas.[37] Beide Namen kommen über die Vermittlung der hebräischen Bibel aus dem Ägyptischen. Susan geht über hebräisches Schoschanna (Susanna) auf spätägyptisches Schoschen zurück, was Lotus bedeutet. Phineas ist vom ägyptischen Männernamen Pi-Nehas abgeleitet, was *Der Nehas* bedeutet; das ist ein Angehöriger der im Altertum südlich von Ägypten wohnenden Volksstämme.[38]

Im Vorbeigehen erklärte Gardiner υσης in Μωυσης als das aus ägyptischen Texten bekannte Wort ϩⲁⲥⲓⲉ (*hasie*) mit der Bedeutung *Gepriesener* (the favoured, praised one): „... *hasie* is of interest also for the etymology of Μωυσης = Moses given by Josephus, contra Apionem II 9.6 Τὸ γὰρ ὕδωρ μῶ οἱ Αἰγύπτιοι καλοῦσι, ὑσῆς δὲ τοὺς (ἐξ ὕδατος) σωθεντας. I am not sure if it has been pointed out that ὑσης here is clearly a perversion of ασιης, the Greek equivalent of *hasie* ... ".

Der von Gardiner zitierte griechische Text steht nicht in *contra Apionem*. In letzterer Schrift geht Josephus bei der Erklärung von Μωυσης nicht über Philo hinaus:[39] „... einer der aus dem Wasser gerettet ist, denn Wasser heisst bei den Ägyptern *mou*"; eine weitere Aussage über *gerettet* fehlt. Was Gardiner tatsächlich zitierte, steht bei Josephus, Jüdische Altertümer II § 228 (=9.6).[40] In Übersetzung lautet die Stelle: *sie gab ihm diesen Namen, weil er in den Fluss gefallen war, denn die Ägypter nennen Wasser* μῶ *und jene die aus dem Wasser gerettet wurden* ὑσῆς; *daher bezeichnen sie ihn mit diesem Namen der aus beiden Wörtern gebildet ist.*

---

[35] Crum 1939, 197.
[36] Die rühmliche Ausnahme ist Cleopatra, siehe Plutarch 1920, (Antonius) 27.3.
[37] Gardiner 1936, 189–197.
[38] Ranke 1952, 193; Loprieno 1998, 211–217.
[39] Josephus, *Contra Apionem* § 286 (=1.31); siehe Niese 1889, 48; Labow 2005, 284.
[40] Josephus, *Antiquitatum Iudaicarum* II § 228; siehe Niese 1887, 130; Feldman 2000, 152. Die von Gardiner benutzte Ausgabe habe ich nicht identifiziert; es ist weder Niese 1887, noch die von Černý zitierte Ausgabe von Naber, Leipzig 1888.

Wie Philo richtig sagte, ist μωυ das ägyptische Wort für *Wasser*, doch steht in einigen Josephus-Handschriften die Variante μῶ statt μῶυ.[41] Die Josephus-Variante μῶ statt μῶυ ist nicht richtig, denn noch die späteren koptischen Dialektformen lauten ⲙⲟⲟⲩ S, ⲙⲁⲩ AA²F, ⲙⲁⲟⲩ A², ⲙⲱⲟⲩ B.[42] Die bohairisch-koptischen Übersetzer der Septuaginta schreiben ⲡⲓⲙⲟⲩ (= maskuliner Artikel ⲡⲓ & ⲙⲟⲩ) für das Wasser aus dem die Prinzessin das Moses-Kind zieht.[43] Also kann in den betreffenden Josephus-Handschriften μῶ statt μῶυ schlicht und einfach falsch überliefert sein. Wenn aber Josephus selbst oder vielmehr seine Quelle doch μῶ geschrieben hätte, dann hätte die Quelle das ägyptische Wort für Wasser zu μῶ verballhornt oder eher absichtlich verändert, um ὑσῆς erklären zu können als *jene die aus dem Wasser gerettet wurden*.

Aber die auf das verfälschte ägyptische Wort für Wasser gesetzte Erklärung ist schief, wie Gardiner bemerkte, „since an Egyptian became ‚favoured' (ασιης) by the fact of being drowned, not by being saved from drowning". Tatsächlich war ein ϩⲁⲥⲓⲉ nicht ein vor der Gefahr des Ertrinkens aus dem Wasser Geretteter, vielmehr ein im Wasser Ertrunkener, dessen Leichnam gerettet und bestattet werden konnte.[44] Dahinter steht ein religiöses Vorbild: In mythischer Urzeit hat der Gott Seth seinen Bruder Osiris erschlagen. Die Leiche warf der Mörder in den Nil; Isis aber, die Schwestergattin des Osiris, rettete den Leichnam aus dem Wasser und bestattete ihn. Wer auch immer für die von Josephus zitierte und von Gardiner monierte Erklärung verantwortlich ist, der hat den Sinn von ϩⲁⲥⲓⲉ verdreht; die richtige Wortbedeutung passte nicht zur Erzählung, wie die ägyptische Prinzessin das Moseskind aus dem Wasser rettete.

Noch vor dem Druck zeigte Gardiner das Manuskript seinem Kollegen Jaroslav Černý. Wenige Jahre später reichte Černý bei einer Fachzeitschrift einen Artikel ein, in dem auch er υσης als *Gepriesener* erklärte, allerdings ohne Gardiner zu erwähnen.[45] Der Herausgeber der Zeitschrift hat Černý auf Gardiners frühere Mitteilung hingewiesen, worauf Černý seinem Artikel die Vorbemerkung hinzufügte, bereits Gardiner habe die ägyptische Ableitung von υσης entdeckt. Ferner sagt Černý, er habe wohl – wenn er sich richtig erinnere – Gardiners Artikel noch im Manuskript gelesen, wäre aber nicht in der Lage zu erklären, wie er die Entdeckung seines Kollegen vergessen konnte. Hätte Černý die Schriften von Sigmund Freud gekannt, wäre er um eine Erklärung nicht verlegen gewesen. Freud hat diese Art von Fehlleistung an sich selbst beobachtet, auch andere Fälle davon beschrieben und ihr den Namen Kryptomnesie gegeben.[46] Freud definierte Kryptomnesie als nicht böswilliges und unabsichtliches Vergessen der Leistung eines anderen, um sich die Leistung selbst zuschreiben zu können.

---

[41] Zu den Varianten siehe den kritischen Apparat bei Niese 1887, 130.
[42] Crum 1939, 197.
[43] Lagarde 1867, 127.
[44] Griffith 1909, 132–134.
[45] Černý 1942, 349–354.
[46] Gay 1989, 148.

Černý stellte alle Notizen der griechischen und lateinischen Schriftsteller zu Μωυσης zusammen, ohne in der Schlussfolgerung über Gardiner hinaus zu gehen:[47] „What Josephus does not tell the reader is that people saved from the water are *dead*, the reason for his silence at this point being undoubtedly that he did not want this unpleasant feature of the etymology of the name of Moses to be stressed." Aber anders als Gardiner untersuchte Černý die Frage, ob nicht μῶυ statt μῶ als originale Form in den Jüdischen Altertümern anzusetzen ist, und schliesslich wich er in einem wichtigen Detail von Gardiner ab. Er erklärte υσης als griechische Umschreibung von unter-ägyptisch (bohairisch) ⲉⲥⲓⲉ, was lautlich besser passt als ober-ägyptisches (sahidisches) ⲥⲁⲥⲓⲉ. Ferner war er der Meinung, der Neutestamentler Eberhard Nestle hätte in einem Artikel gezeigt, dass „the original manuscript of Josephus read ἐσῆς as already Niese suggested". Nestles Artikel war für Černý um 1940 im Wortlaut nicht zugänglich, „owing to war conditions"; er hat also aus dem Gedächtnis zitiert. So wie ich ihn verstehe, zitierte Nestle Nieses Text und die im kritischen Apparat vermerkten Varianten, ohne Präferenz für ἐσῆς oder ὖσῆς.[48]

Thissen zur Namensform Μωυσης

Sechs Jahrzehnte nach Černý veröffentlichte der Demotist Heinz Josef Thissen eine Untersuchung über die griechischen Versionen des Namens *Moses*.[49] Er lehnte die von Josephus überlieferte Erklärung von υσης als ⲉⲥⲓⲉ / ⲉⲥⲓⲏⲥ ab, einmal weil letzteres immer ein -ι- zeigt (woran sich Gardiner und Černý nicht störten), zum andern weil dann Moses nicht ein aus dem Wasser Geretteter wäre, sondern ein im Wasser Ertrunkener. Thissen trennt in der griechischen Form die Elemente Μωυ und σης und erklärt σης als part. perf. pass. von *ṯ3j* > *ẋı* (nehmen, ergreifen, tragen); für σης als griechische Transkription eines ägyptischen Partizips kann er auf Parallelen verweisen. Im Sinn von Thissens Erklärung besteht Μωυσης aus zwei nebeneinander gestellten, syntaktisch nicht verbundenen, griechisch transkribierten ägyptischen Wörtern, nämlich μωυ/ *Wasser* und ση(ς)/*der Genommene/Getragene*.

Im Jahr 2014 schickte ich Heinz Josef einen Aufsatz über ein Thema, das wir beide bearbeitet hatten;[50] eine Stellungnahme zu seiner Erklärung von Μωυσης wollte ich folgen lassen. Er dankte zwar für die Zusendung, schrieb jedoch, er würde sich zu krank fühlen um meinen Artikel lesen zu können, und schloss mit dem Wunsch *Di bene vertant*. Später hörte ich, dass er gestorben war (was er mir nicht mitteilen konnte), so dass meine hier folgende Stellungnahme einseitig bleibt.

---

[47] Černý 1942, 353.
[48] Nestle 1907, 111–113.
[49] Thissen 2004, 55–62.
[50] Thissen 2006, 193–201; Krauss 2012, 121–161.

In der Septuaginta gibt es keinen Hinweis, dass die Namensform Μωυσης aus dem Ägyptischen zu verstehen sein soll. Vielleicht war Philo oder seiner Quelle der Gleichklang von μωυ/*Wasser* und der ersten Silbe von Μωυσης aufgefallen. Ein Leser von Philo hätte sagen können: *Ja, und? – Die Silbe μωυ, verstanden als ägyptisches Wort für Wasser, assoziiert das Wasser aus dem Moses gerettet wurde. So weit, so gut. Aber daraus folgt keine ägyptische Etymologie des Namens Μωυσης, vielmehr folgt daraus weiter nichts.*

In der Zeit zwischen Philo und Josephus kann ein Unbekannter auf die Idee verfallen sein, die LXX-Form Μωυσης in die Komponenten Μω + υσης zu zerlegen und mithin das ägyptische Wort für Wasser in falscher Weise auf μῶ zu reduzieren und υσης im Sinn von ϭιϭ zu deuten. Das wäre ein Versuch gewesen den Namen Μωυσης insgesamt zu erklären, wenn auch gewaltsam durch Verstümmelungen. Verfahren und Ergebnis würden der üblichen auf Teufel-komm-raus antiken Etymologisierei entsprechen.

Auch ohne Anregung durch Philo und Josephus hätten die neuzeitlichen Philologen gesehen, dass in Μωυσης das ägyptische Wort für Wasser steckt. Angeregt durch Philo und Josephus haben neuzeitliche Philologen den LXX eine ägyptische Erklärung des Namens von Moses unterstellt, aber eine mögliche ägyptische Entsprechung für die Silbe σης schien es nicht zu geben; erst Thissen konnte σης sprachlich zufriedenstellend erklären. Die Frage ist jedoch, ob eine ägyptische Erklärung von Μωυσης im Sinn der LXX ist. Die Septuaginta war für griechisch sprechende Juden bestimmt, die in Exodus 2, 10 in etwa gelesen hätten: „... und sie benannte seinen Namen (***ägyptisch***) Μωυ-σης denn sie sprach (***griechisch***): εκ του ύδατος αυτον ανειλόμην." Welcher jüdische Leser wäre in der Lage gewesen den ägyptischen Einschub im griechischen Text zu erkennen? Wenn die LXX es nicht bei einem *in-joke* bewenden lassen wollten, hätten sie dann nicht einen Hinweis einfügen sollen, am besten aber eine Glosse: *Μωυ-σης bedeutet ägyptisch „Wasser; der Genommene"*?

Meine Einwände mögen unverbindlich sein, Thissen zitierte aber einen Hinweis von Antonio Loprieno wonach das ωυ in Μωυσης für hebräisches langes ō in מֹשֶׁה allein aus der damaligen alexandrinischen Wiedergabe des Hebräischen folgt. Mit anderen Worten wäre Μωυσης nichts anderes als eine Transkription von מֹשֶׁה, was jede ägyptische Etymologie von Μωυσης zur Lösung eines Scheinproblems machen würde.

Moses als ägyptischer Name

Für die moderne wissenschaftliche Lehrmeinung, der biblische Name *Moschæ* würde auf einen ägyptischen Namen zurückgehen, berief sich Freud auf den Ägyptologen James Henry Breasted. Freud übersetzte eine Stelle in Breasteds Buch *The Dawn of*

Conscience wie folgt:[51] „Es ist bemerkenswert, dass sein (dieses Führers) Name, Moses, ägyptisch war. Es ist einfach das ägyptische Wort *mose*, das *Kind* bedeutet, und ist die Abkürzung von volleren Namensformen wie z(um) B(eispiel) Amen-mose, das heisst Amon-Kind, oder Ptah-mose, Ptah-Kind, welche Namen selbst wieder Abkürzungen der längeren Sätze sind: Amon (hat geschenkt) ein Kind oder Ptah (hat geschenkt) ein Kind. Der Name *Kind* wurde bald ein bequemer Ersatz für den weitläufigen vollen Namen und die Namensform *Mose* findet sich auf ägyptischen Denkmälern nicht selten vor. Der Vater des Moses hatte seinem Sohn sicherlich einen mit Ptah oder Amon zusammengesetzten Namen gegeben, und der Gottesname fiel im täglichen Leben nach und nach aus, bis der Knabe einfach *Mose* gerufen wurde".

Freud äusserte sich befremdet darüber, dass Breasted keine Beispiele von Pharaonennamen nannte, die wie Ah-mose oder Thut-mose mit -mose zusammengesetzt sind.[52] Breasted hat die von Freud genannten Königsnamen nicht zitiert, weil er sie nicht für Vorlagen des biblischen Namens Moses hielt. Das von Breasted gemeinte Wort für Kind lautet im Altägyptischen *mas* oder *mes* und ist mithin um einiges von *Mose* verschieden. Es ist zwar richtig, dass *mose* in den Königsnamen Ah-mose und Thut-mose so ähnlich klingt, wie der biblische Name Mose(s). Aber *mose* bedeutet in diesen Königsnamen nicht *Kind*, wie Freud in seiner Unkenntnis des Altägyptischen denken mochte. Vielmehr ist -*mose* in diesen Fällen eine besondere grammatische Form des Zeitwortes *mesi* (gebären, erzeugen) und man übersetzt *mose* als *ist-geboren*.[53] In diesem Sinne bedeuten die Königsnamen Ah-mose und Thut-mose: „(Der Mondgott) Ah ist geboren" und „(Der Mondgott) Thoth ist geboren". Nach einer Vermutung des Ägyptologen Hermann Ranke, eines Spezialisten für altägyptische Namen, können beide Namen auf die Geburt des Mondgottes anspielen,[54] das Erscheinen der neuen Mondsichel am abendlichen Westhimmel nämlich (meiner Vermutung nach).

Über ein Jahrzehnt nach Freuds Tod veröffentlichte der Ägyptologe John Gwyn Griffiths einen Artikel über die Ableitung des Namens Moses aus dem Ägyptischen; er ging davon aus, dass die ägyptische Vorlage des biblischen *Mose(s)* in Namen wie Ah-*mose* und Thut-*mose* steckt.[55] Seine eigenen Argumente und die Forschungsgeschichte resümierend schrieb er: „There is therefore, I submit, no longer any reason to doubt that

---

[51] Freud 1950, 104–105, siehe Breasted 1933, 350 (= Freud's Library 2006, no. 348). Von Breasteds Buch gibt es eine in vielen Details nicht zuverlässige und irreführende deutsche Übersetzung: *Die Geburt des Gewissens*, Zürich 1950.
[52] Freud 1950, 105.
[53] Old Perfect bei angelsächsischen, parfait ancien bei französischen und Pseudopartizip bei deutschen Ägyptologen.
[54] Ranke 1952, 127–128.
[55] Griffiths 1953, 225–231. – Footnote 1 besagt: „The publication of this article has been made possible through the generosity of Mr. Cecil B. DeMille of Paramount Pictures Corporation, to whom the Editor is pleased to make use of this opportunity to express his deep appreciation." – Griffiths antwortete auf meine neugierige Frage brieflich am 18. Juni 1996: „[DeMille's] sponsorship of the article was entirely due to the late Dr Keith K. Seele

מֹשֶׁה comes from the Egyptian *mŏse*." Zwei Fragen liess er aber offen: einmal wie die verschiedene Länge der o-Vokale in *mŏse*/מֹשֶׁה zu erklären ist und zum andern warum die Zischlaute in מֹשֶׁה und ägyptisch *mŏse* verschieden sind.

Sehen wir uns zunächst die Sibilismen an. Eine Form des Zeitwortes *ms* ist auch im Stadtnamen *Ramesses* erhalten, wie die Bibel eine der beiden Städte nennt, bei deren Bau die israelitischen Männer für Pharao fronten. Ägyptisch hiess die Stadt *Pi-Ramesse* oder *Haus(-des-)Ramesse*. Letzterer Name bezieht sich auf König Ramses II, der die Stadt zwar nicht gegründet, aber ausgebaut hat. Anders als in Thut-mose oder Ah-mose ist *ms* in Ramesses ein Partizip Perfekt mit der Bedeutung *der-erzeugt-hat / der geboren-hat*, so dass man den Namen übersetzt als *Ra-hat-erzeugt-ihn* (nämlich den Namensträger) mit Ra als enttonter Form von Rē < Rīꜥa (Sonnengott).

Für Ramesses (R^c-*ms-sw*) schreibt die Bibel רעמסס wobei das hebräische ס(Samech) dem ägyptischen *s* entspricht, sowohl in *ms/hat-geboren* als auch im Personalpronomen *sw/ihn*. Die hebräische Schreibung רעמסס für *Ramesses* ist tadellos; konsequenter Weise wäre auch der Name von Moses hebräisch מסה** zu schreiben, also mit Samech (eventuell auch ohne ה/He). Griffith meinte, das Problem liesse sich historisch lösen, wenn a) der Name der Stadt Ramesses erst in der Perserzeit in hebräischer Schrift fixiert wurde und b) die Hebräer den Namen ihres Propheten Moses aber seit dem 15. oder 13. Jahrhundert v. Chr. kannten und aussprachen.

Für Punkt a) verwies Griffiths darauf, dass etwa im 6. Jh. v. Chr. bei den *Late-Babylonian*-Keilschrift-Schreibern ägyptisches *s* keilschriftlich als *s* erscheint; ferner gibt es in der Perserzeit Inschriften in denen ein phönikisches *s* ein ägyptisches *s* repräsentiert. Für Punkt b) berief sich Griffiths darauf, dass die mittelbabylonischen (Keilschrift-) Schreiber im 14. und 13. Jh. v. Chr. ägyptisches *s* als *š* repräsentierten und beispielsweise den Namen von Ramses II als Riya-maše-ša transkribierten sowie Namen wie Aman-mase als Aman-maša oder Ḥara-mase als Ḥara-maš-ša. Unter diesen Voraussetzungen hätten die damaligen Hebräer aus dem im ägyptischen Namen *Mose* gesprochenen *s* ein שׁ gemacht – meinte Griffiths.

Aber die Keilschrift-Schreiber waren eine kleine Spezialisten-Gruppe, die den diplomatischen Briefverkehr zwischen Pharao und den vorderasiatischen Herrschern besorgte. Dagegen lässt die Bibel die damaligen Hebräer als Hirten am Rande des ägyptischen Kulturlandes leben, ohne enge Kontakte zu den Ägyptern denen sie als Hirten ein *Abscheu* (תּוֹעֵבָה; βδέλυγμα) waren, wie es in Gen 46,34 heisst. Wären die Hirten nicht notwendiger Weise ungebildete Analphabeten gewesen, ohne Kontakte zu mit-

---

who was editing JNES at the time. He made his request on the grounds that the printing of several ancient languages, including Coptic, was an expensive business. De Mille promptly sent 500 dollars in aid. I wrote to thank him and he replied graciously on 26 April 1954." – DeMille arbeitete damals an dem Film *The Ten Commandments*. Es war ein Zufall, dass Griffiths in dieser Zeit einen Artikel über den Namen von Moses schrieb. Der Artikel ist aufgelistet in der Bibliographie bei Noerdlinger 1956.

telbabylonischen Schreibern? Als aber ein Kontakt zustande kam, da *sprachen die Hirten untereinander*:⁵⁶ „die mittelbabylonischen Keilschrift-Schreiber repräsentieren ägyptisches s durch š, daher sollten wir nicht *Mose* sagen, sondern *Moše* und wenn wir in einigen hundert Jahren ein Alphabet haben werden, dann sollten wir š durch ein *Schin* wiedergeben". Griffiths hat übersehen, dass bei den hebräischen Hirten die Aussprache von ägyptischen Namen ein mündliches Problem gewesen wäre, kein schriftliches, wie bei den mittelbabylonischen Schreibern: Wie hätten die Ägypter den fraglichen Namen ausgesprochen und was hätten die Hirten mit der Aussprache angefangen?

Es bleibt die Frage nach den Vokalen: kurzes ŏ im ägyptischen *mŏse* als Vorlage zu hebräischem מֹשֶׁה mit langem ō. Für das kurze ŏ in *mŏse* beruft sich Griffiths auf Gardiner,⁵⁷ der seinerseits verweist auf Babylonisch maš-ša in Ḥara-maššʾa = Ḥr-ms und auf „old Greek μασι in the king's name Αμασις" [= Jʿḥ-msw]. Gardiner bemerkt allerdings, dass das ägyptische kurze ŏ wider Erwarten in der Regel nicht durch *o-mikron* wiedergegeben wird, sondern durch ω-mega, „perhaps because Gk. o (omikron) had in it a tinge of u which was unsuitable." Griffith hat an Gardiners Vermutung die Frage angeschlossen:⁵⁸ „Whence then comes the long o of the Hebrew name? It is quite possible that the vocalization denoted so much later by the massoretic scholars was influenced by the Greek forms." Die Masoreten haben also die richtigen griechischen Autoren gelesen?

Schliesslich kann man fragen, wieso der Name von Moses überhaupt einen o-Vokal enthält – sei er kurz oder lang –, nicht aber einen a-Vokal, wie es für den Namen Αμασις/Amasis seit dem 5. Jh. v. Chr. belegt ist? Im 13. Jh. v. Chr. oder früher lautete (X-) msw im Ägyptischen (X-)*Mase* und die fingierten israelitischen Hirten sollten wie die Ägypter (X-)*Mase* gesagt haben. Woher also das o in *Moschæ*? Aber mit einigem guten Willen hätte die wortspielerische Prinzessin zu allen Zeiten aus *Mase* ein *Mose* machen können. Der Jahwist, als Souffleur der wortspielerischen Prinzessin, hatte das aktive Partizip von *mascha* (משה) im Sinn und die hebräischen aktiven Partizipien haben ein langes ō.

Einfacher liegen die Dinge, wenn der Jahwist als biblischer Dichter im 5. Jh. v. Chr. einen ägyptischen Namen, der die Konsonanten m und s enthielt – wie *mase* oder *mose* –, in *Moschæ* umdeutete. An die Möglichkeit, dass der biblische Moses nichts anderes ist als eine auf dem Papier (Papyrus, Pergament) existierende Figur der biblischen Fiktionsliteratur, scheint Griffiths nicht gedacht zu haben. Unter dieser Voraussetzung wäre die Form des Namens *Moschæ* die Leistung des biblischen Dichters, nicht der literarisch fingierten israelitischen Hirten. Mittels der Aussetzungs-Schablone machte der Dichter aus einem gebürtigen Hebräer einen ägyptischen Prinzen; den ägyptischen

---

⁵⁶ οἱ ποιμένης ἐλάλουν πρὸς ἀλλήλους; Lukas 2,15.
⁵⁷ Gardiner 1957, Appendix A. The vocalization of Middle Egyptian.
⁵⁸ Griffiths 1953, 228.

Namen des Prinzen machte er durch das Wortspiel mit *mascha* für Hebräer verständlich und jedenfalls vertraut klingend; der Vokalismus des ägyptischen Namens wäre irrelevant gewesen. Heraus gekommen ist ein spielerisch hebraisierter Name, weder ägyptisch, noch hebräisch. Aus der Sicht von Sigmund Freud würde es dabei bleiben, dass der biblische Name Moses auf einen ägyptischen Namen zurückgeht.

III

Freuds Deutung der Aussetzung und Rettung des Moses-Knaben

Die Feinheiten der ägyptischen Sprache und Schrift durften Freud gleichgültig sein. Zu Recht war für ihn der sachliche Umstand ausschlaggebend, dass der hebräische Findling, als Adoptivkind einer ägyptischen Prinzessin, von der Ägypterin auch einen ägyptischen Namen bekommen haben sollte. Und dieser Schluss ist deswegen wahrscheinlich, weil sich der Name des Findlings nicht hebräisch erklären lässt.

Weil Freud die prinzipielle Erkenntnis über die ägyptische Herkunft des Namens Moses vorfand, wunderte er sich zu Recht, warum früher niemand den naheliegenden Schluss auf die ägyptische Abstammung des Namensträgers gezogen hat:[59] „Für moderne Zeiten gestatten wir uns solche Schlüsse ohne Bedenken, obwohl gegenwärtig eine Person nicht nur einen Namen führt, sondern zwei, Familiennamen und Vornamen, und obwohl Namensänderungen und Angleichungen an neue Bedingungen nicht ausgeschlossen sind. Wir sind daher keineswegs überrascht, bestätigt zu finden, dass der Dichter Chamisso französischer Abkunft ist, Napoléon Buonaparte dagegen italienischer, und dass Benjamin Disraeli wirklich ein italienischer Jude ist, wie sein Name erwarten lässt. Und für alte und frühe Zeiten, sollte man meinen, müsste ein solcher Schluss vom Namen auf die Volkszugehörigkeit noch weit zuverlässiger und eigentlich zwingend erscheinen. Es stellt sich die Frage, was diese Schlussfolgerung im Falle von Moses verhindert hat? Vielleicht war der Respekt vor der biblischen Tradition unüberwindlich? Vielleicht erschien die Vorstellung zu ungeheuerlich, dass der Mann Moses etwas anderes als ein Hebräer gewesen sein sollte".

Allein die Tatsache, dass der biblische Moses einen ägyptischen Namen trug, wollte Freud nicht als Beweis für die ägyptische Abstammung des Mannes Moses ansehen. Entscheidend war für ihn die Erzählung von der Aussetzung und Rettung des kleinen Moses. Die Kindheitsgeschichte setzt die damalige Anwesenheit der Israeliten in Ägypten voraus. Wie die Bibel bekanntlich erzählt, wanderten die Vorfahren der Israeliten in alten Zeiten nach Ägypten ein. Siebzig Seelen hätten die Kinder Israel bei der Einwanderung gezählt, nämlich die von Jakob-Israel und seinen 2 & 2 Frauen & Kebsweibern abstammenden Kinder und Kindeskinder, die nur untereinander heirateten. Später aber – so heisst es im 2. Buch Moses – „wuchsen die Kinder Israel und zeugten Kinder und mehrten sich und wurden sehr viel, dass ihrer das Land voll ward".

Pharao aber machte sich Sorgen über die unerwartete und den Ägyptern zu Recht unerwünschte Vermehrung, so dass er gesagt haben soll (Exodus 1,9–10): „Siehe, des Volks der Kinder Israel ist viel und mehr denn wir. Wohlan, wir wollen sie mit List dämpfen, dass ihrer nicht so viele werden." Die naive List des ägyptischen Königs erschöpfte sich darin, die israelitischen Männer durch harte Arbeit beim Bau der Städte Pithon

---

[59] Freud 1950, 105–106.

und Ramses müde zu machen,⁶⁰ um ihre Lust am Kinderzeugen zu dämpfen. Pharaos Hoffnung, die durch ihr Tagewerk erschöpften israelitischen Männer würden weniger Kinder zeugen, erfüllte sich nicht (Exodus 1,12): „Aber je mehr sie das Volk drückten, je mehr es sich mehrte und ausbreitete".

Bis zu diesem Punkt gibt das 2. Buch Moses die Erzählung des Jahwisten wieder, wie die Alttestamentler den ältesten biblischen Dichter nennen, der über Moses geschrieben hat. Die Alttestamentler haben den Jahwisten so genannt, weil er seinen Gott häufiger als andere biblische Autoren mit dem persönlichen Namen Jahweh nennt. Auf die vom Jahwisten stammende Einleitung über das Schicksal der Israeliten in Ägypten, folgt der Zusatz eines priesterlichen Verfassers, der die Erzählungen des Jahwisten auch sonst ergänzte. Hier hat er eine Notiz eingefügt, wie die Israeliten nicht nur beim Bau von zwei Städten Zwangsarbeit leisten mussten, sondern die Ägypter ihnen auch Arbeiten auf dem Feld sowie nicht spezifizierte *allerlei Arbeiten* mit Unbarmherzigkeit auferlegten.

Auf diese Ausschmückung folgt eine kurze Erzählung von wieder einer anderen schriftstellerischen Hand, wie nämlich Pharao versuchte, zwei Hebammen zum heimtückischen Mord an den neugeborenen israelitischen Knaben zu bewegen (Exodus 1,16): „Wenn ihr den hebräischen Weibern helft, und bei der Geburt seht, dass es ein Sohn ist, so tötet ihn; ist es aber eine Tochter, so lasst sie leben".

Pharaos heimtückischer Anschlag misslingt, weil die Hebammen den Mordauftrag aus Gottesfürchtigkeit nicht ausführen. Gegenüber Pharao reden sich die Hebammen damit heraus, die hebräischen Weiber wären härter als die ägyptischen und hätten schon geboren, wenn die Hebamme zu ihnen kommt. Da entschliesst sich Pharao zu offener Gewaltanwendung und gibt den Befehl: „Alle Söhne, die geboren werden, werft ins Wasser, und alle Töchter lasst leben".

Noch vor oder erst während der von Pharao befohlenen allgemeinen Knabenverfolgung, heiratet ein Mann vom israelitischen Stamm Levi eine Frau vom gleichen Stamm (Exodus 2,2): „Und das Weib ward schwanger und gebar einen Sohn. Und da sie sah, dass es ein schönes Kind war, verbarg sie ihn drei Monate." Wie der biblische Erzähler andeutet, will die Mutter ihr Kind vor dem Ertränktwerden retten, weil es ein *schönes* Kind war, nicht etwa schwach und kümmerlich (Luther:⁶¹ *welcher also ein schönes Kindlin war*). Schliesslich aber kann die Moses-Mutter ihr Kind nicht länger verbergen und setzt es lieber aus, statt es seinen ägyptischen Mördern auszuliefern. Wie bekannt, findet Pharaos Tochter das ausgesetzte Kind und zieht es als ihren eigenen Sohn auf.

Beim ersten Lesen der zusammengestückelten biblischen Erzählung möchte man meinen, Pharao habe die allgemeine Knabenverfolgung aus Angst vor der starken Vermehrung der Kinder Israel befohlen. Aber ein solcher Schluss wäre brüchig, weil die

---

[60] Zu Pithon als Anachronismus in der biblischen Moses-Erzählung, siehe Krauss 2000b, 214–216.
[61] Luther 1899, 22.

biblische Erzählung an dieser Stelle ohne Konsequenz ist: Nach der Rettung des einzelnen Knaben Moses, ist keine Rede mehr von einer allgemeinen Knabenverfolgung. Die Situation weckt den Verdacht, erst der Redaktor, der die einzelnen Erzählstücke aneinandersetzte, habe die Knabenverfolgung, die dem einzigen Knaben Moses galt, zu einer Verfolgung aller neugeborenen israelitischen Knaben gemacht.

Eine weitere Überlegung zeigt, dass der allgemeine Knabenmord nur eine vorübergehende Massnahme gewesen sein sollte, deren Ziel nicht darin lag die starke Vermehrung der Israeliten einzuschränken. Denn die Tötung der Neugeborenen wirkt sich nicht aus und trotz der angeblich allgemeinen Knabenverfolgung bleiben die Kinder Israel so zahlreich wie zuvor: Später sollen 600 000 erwachsene israelitische Männer Ägypten verlassen haben, was ein millionenköpfiges Volk impliziert. Die Widersprüche würden sich auflösen, wenn die allgemeine Knabenverfolgung ursprünglich zeitlich beschränkt war und nur einem einzigen Neugeborenen galt.

Wie man einen allgemeinen Knabenmord, der nur ein einziges Kind treffen soll, mit glasklarer Logik erzählt, führt der hl. Evangelist Matthäus vor Augen.[62] Denn als der jüdische König Herodes von den μαγοι aus Morgenlande hörte, es sei ein künftiger König der Juden geboren, da liess er in dem als Geburtsort verdächtigen Bethlehem alle Knaben, die da zweijährig und darunter waren, töten – so jedenfalls lautet der aus zeitgenössischen Geschichtsquellen nicht bekannte Greuelbericht beim hl. Evangelisten. Der Verfolger wusste nur ungenau, wann der gefährliche Knabe geboren war und musste daher alle Altersgenossen des Kindes verfolgen. Hier wird das verfolgte Kind gerettet, weil dem Josef im Traum ein Engel erscheint und ... im Rüpelspiel eines Autors, *de cuyo nombre no quiero acordarme*, tritt der sandalenbeschuhte Engel (αγγελος κυριου) dem schlafenden Josef in die Rippenseite und spricht: *Steh auf, steh auf du Schwein / und nimm das Kindlein und seine Mutter zu dir / und fleuch / und fl.ﬂeuch in Ägyptenland.*

Während der Leser der zusammengestückelten Erzählung im 2. Buch Moses nur mit einiger Überlegung zu dem Schluss kommt, Pharao habe eigentlich nur einen einzigen Knaben töten wollen, berichtet der jüdische Historiker Josephus ohne Umschweife von einer Weissagung, die Pharao vor einem noch ungeborenen hebräischen Kind gewarnt hätte. Laut Weissagung würde dieses Kind als Erwachsener den Ägyptern schaden, den Hebräern aber nützen.[63] Und schliesslich steht im jüdischen *Buch der Jubiläen*, wie der ägyptische König ab dem 3. Monat nach Moses Zeugung, bis in den 3. Monat nach der Geburt, die neugeborenen hebräischen Knaben töten liess.[64]

---

[62] Ευαγγέλιον nach Matthäus, 2. Kapitel, Vers 1–18.
[63] Josephus, *Antiquitatum Iudaicarum* II § 205, siehe Niese 1887, 125; Feldman 2000, 188–189.
[64] Die Mss. des *Buchs der Jubiläen* stimmen darin überein, dass die Verfolgung der Neugeborenen im 3. Monat nach der Zeugung von Moses begann; das Ende der Verfolgung wird nicht einheitlich datiert, siehe Berger 1981, 540.

In diesen beiden zwar nicht biblischen, aber doch auch alten jüdischen Moses-Sagen löst der prophezeite Gegner Pharaos als ungeborenes Kind im Mutterleib die Verfolgung aller gleichaltrigen hebräischen Knaben aus. Anders als in der biblischen Erzählung ist in diesen ausserbiblischen Sagen die Knabenverfolgung zur Zeit von Moses Geburt sinnvoll, weil Pharao nur mit einer allgemeinen Verfolgung den einen, ihm unbekannten Knaben treffen kann.

Sagenhafte Aussetzung und Rettung von Kindern

Moses entgeht der Verfolgung durch Pharao, weil Pharaos eigene Tochter das ausgesetzte Kind findet und adoptiert. Was aber hätte Pharao, der die hebräischen Kindlein im Nilstromwasser ersäufen liess,[65] zu dieser Adoption gesagt? Müsste nicht Pharaos dringendster Verdacht auf den adoptierten hebräischen Knaben als einen dem Kindermord Entkommenen fallen? Und was sagt der gesunde Menschenverstand zu einer Ungereimtheit, wie der unverhüllten Adoption eines Kindes aus dem hebräischen Sklavenvolk ins regierende ägyptische Königshaus? Was auch immer der gesunde Menschenverstand zu sagen weiss – laut biblischer Erzählung entkommt der ausgesetzte Moses-Knabe der Verfolgung und die Absicht des ägyptischen Königs verkehrt sich in ihr Gegenteil, als seine eigene Tochter das ausgesetzte Kind aufnimmt und adoptiert. Statt dass Pharao seinen künftigen Gegner vernichtet, gelangt er als Enkel in Pharaos eigenes Haus.

Die Verkehrung der bösen Absicht eines Verfolgers ist ein bekanntes Märchenmotiv. Als Beispiel nenne ich das von den Brüdern Grimm aufgeschriebene Märchen vom *Teufel mit den drei goldenen Haaren*:[66] „Es war einmal eine arme Frau, die gebar ein Söhnlein, und weil es eine Glückshaut umhatte,[67] als es zur Welt kam, so ward ihm geweissagt, es werde im vierzehnten Jahr die Tochter des Königs zur Frau haben". Als der König unerkannt ins Dorf kommt und die Neuigkeit erfährt, will er das Kind aus der Welt schaffen und überredet die Eltern, ihm den Knaben zu überlassen. „Der König legte es in eine Schachtel und ritt damit weiter, bis er zu einem tiefen Wasser kam: da

---

[65] Zu *Kindlein* und *Nilstromwasser* siehe Heine, Die Audienz (Eine alte Fabel): *Ich lass nicht die Kindlein, wie Pharao, / Erseufzen im Nilstromwasser,* in Heine 1915(?), 221. – Statt *erseufzen* steht *ersäufen* in Heine 1992a, 228; bei den in Heine 1992b, 1263, verzeichneten Lesarten ist *erseufzen* nicht vermerkt. Gleich, ob Lesart oder Druckfehler – *erseufzen* gehört in die selbe Kategorie wie das von Freud 1940, 14–19, als *Verdichtung mit Ersatzbildung* erklärte *famillionär* in Heines *Bäder von Lucca*.
[66] Kinder- und Haus-Märchen 1985, 142–149.
[67] *Brockhaus Enzyklopädie* 1969, 414: „Glückshaube, die unverletzte Eihauthülle, in der das Kind bei ausgebliebenem Blasensprung geboren wird; die G. muss sofort zerrissen werden, um ein Ersticken zu verhindern. Die G. war schon in der Antike als *pileus naturalis* geschätzt; der Volksglaube spricht so geborene oder mit Resten der Eihauthülle behaftete Kinder als Glückskinder an, zumal wenn sie im Besitz der G. bleiben oder Teile in die Kleider vernäht bekommen."

warf er die Schachtel hinein und dachte *von dem unerwarteten Freier habe ich meiner Tochter geholfen.*" Müllersleute retten das Kind aus dem Wasser und ziehen es auf.

Eine spätere Zufallsbegegnung des Königs mit dem Glückskind führt zu einem weiteren Anschlag. Der König kommt zu den Müllersleuten, erfährt vom Schicksal des inzwischen 14jährigen Knaben und bittet, der Junge möge der Königin einen Brief überbringen. Der Junge verirrt sich unterwegs und gerät in ein Räuberhaus, weil er aber ein Glückskind ist, bringen ihn die Räuber nicht um, sondern lassen sich seinen Brief zeigen „und es stand darin, dass der Knabe sogleich, wie er ankäme, sollte ums Leben gebracht werden. Da empfanden die hartherzigen Räuber Mitleid, und der Anführer zerriss den Brief und schrieb einen andern, und es stand darin, sowie der Knabe ankäme, sollte er sogleich mit der Königstochter vermählt werden. Die Königin aber, als sie den Brief empfangen und gelesen hatte, tat, wie darin stand, hiess ein prächtiges Hochzeitsfest anstellen, und die Königstochter ward mit dem Glückskind vermählt".

Karl Popper, ein renommierter Philosoph unserer Tage, hat über die hinter diesem Erzählmotiv stehende menschliche Grundsituation nachgedacht. Popper meint, es sei die Starrheit in der Verfolgung einer Absicht, welche die Vernichtung des angestrebten Zieles in sich birgt. Jedesmal wenn ich Poppers Weisheit lese, befällt mich eine beklommene Nachdenklichkeit. Die Quelle ist nach meiner Erinnerung das Feuilleton einer deutschen Zeitung. Bei einer flüchtigen Suche in Ausgaben von Poppers Schriften konnte ich keine entsprechende Stelle finden.

Moses und das Glückskind sind nicht die einzigen Kinder, denen Sagen und Märchen eine Aussetzung und wunderbare Rettung angedichtet haben. Seit dem 19. Jahrhundert wurden die Einzelsagen von Wissenschaftlern gesammelt und geordnet. Freuds später abtrünnig gewordener Schüler Otto Rank hat die Sagen unter dem Gesichtspunkt der „Geburt des Helden" psychoanalytisch ausgedeutet.[68] Aus den verschiedenen Einzelsagen lässt sich eine Durchschnittssage konstruieren, die Freud selbst so formulierte:[69]

„Der Held ist das Kind vornehmster Eltern, meist ein Königssohn. Seiner Entstehung gehen Schwierigkeiten voraus, wie Enthaltsamkeit oder lange Unfruchtbarkeit oder heimlicher Verkehr der Eltern infolge äusserer Verbote oder Hindernisse. Während der Schwangerschaft oder schon früher erfolgt eine vor seiner Geburt warnende Verkündigung (Traum, Orakel), die meist dem Vater Gefahr androht. Infolgedessen wird das neugeborene Kind meist auf Veranlassung des Vaters oder der ihn vertretenden Person zur Tötung oder Aussetzung bestimmt; in der Regel wird es in einem Kästchen dem Wasser übergeben. Es wird dann von Tieren oder geringen Leuten (Hirten) gerettet und von einem weiblichen Tiere oder einem geringen Weibe gesäugt. Herangewachsen, findet es auf einem sehr wechselvollen Wege die vornehmen Eltern wieder, rächt

---

[68] Rank 1909 [Freud's Library no. 2885]; zitiert von Freud 1950, 106 Anm. 2. Freud hätte auch die „2. wesentlich erweiterte Auflage" Rank 1922 zitieren können [FL no. 2886].
[69] Freud 1950, 107.

sich am Vater einerseits, wird anerkannt andererseits und gelangt zu Grösse und Ruhm."

Freuds Deutung der Aussetzungssage

Änigmatisch bemerkte Freud über die Rettung des Moses-Knaben:[70] „ ... das Wasser, aus dem das Kind gezogen wurde, (war) höchstwahrscheinlich nicht das Wasser des Nils ...". Später erklärte er:[71] „Die Aussetzung im Kästchen ist eine unverkennbare symbolische Darstellung der Geburt, das Kästchen der Mutterleib, das Wasser das Geburtswasser". Freud hat hier Ranks psychoanalytische Deutung der Aussetzungssage übernommen.[72]

Symbolische Deutung der Geburt? Rettung aus dem Geburtswasser? Wer verfällt denn auf eine derart unpraktische Erklärung? Eine Hebamme? Ein Geburtshelfer? Mir ist das zu fein gesponnen. Schliesslich sollen die im Wasser ausgesetzten Kinder aus ihrer Notlage gerettet werden; also kann man sie nicht wie Welpen oder Kätzchen ins Wasser werfen lassen; das erzählerische Ziel erfordert einen schwimmfähigen Behälter.

Von diesem Detail abgesehen stellte Freud im Anschluss an Rank fest:[73] „Die Quelle der ganzen Dichtung ist aber der sogenannte *Familienroman* des Kindes, in dem der Sohn auf die Veränderung seiner Gefühlsbeziehungen zu den Eltern, insbesondere zum Vater, reagiert. Die ersten Kinderjahre werden von einer grossartigen Überschätzung des Vaters beherrscht, der entsprechend König und Königin im Traum und Märchen immer nur die Eltern bedeuten, während später unter dem Einfluss von Rivalität und realer Enttäuschung die Ablösung von den Eltern und die kritische Einstellung gegen den Vater einsetzt. Die beiden Familien des Mythus, die vornehme wie die niedrige, sind demnach Spiegelungen der eigenen Familie, wie sie dem Kind in aufeinanderfolgenden Lebenszeiten erscheinen."

Wie andere Historiker, so lehne auch ich die Rank-Freudsche Deutung ab.[74] Nicht der Familienroman bildet die Quelle einer Heldensage, nicht kindliche Tagträume, sondern die reale Position, die der Held als Erwachsener erreicht hat. Freud berücksichtigte nicht konsequent, dass eine Sagenbildung erst dann beginnt, wenn der Held die allgemeine Aufmerksamkeit durch einen aufsehenerregenden Erfolg auf sich lenken kann. In dieser Situation darf der miterlebende Zeitgenosse eine Erklärung verlangen, die wohl oder übel die Wurzeln der heldischen Leistung in der Vergangenheit suchen muss.

---

[70] Freud 1950, 104.
[71] Freud 1950, 108–109.
[72] Rank 1909, 69–70; Rank 1922, 97.
[73] Freud 1950, 108–109; Rank 1909, 65; Rank 1922, 83.
[74] In diesem Sinn zitiere ich die Kritik von Clemen 1928, 30–41.

Wohlgemerkt bezweifle ich nicht die Existenz des Familienromans. Wessen Gedächtnis in die eigene Kindheit zurückreicht, dem ist der Freudsche Familienroman bekannt, der sollte aber auch wissen, dass in der Kinderstube keine Heldenromane gedichtet werden, die sich die Erwachsenen später weiter erzählen. Als einzige Ausnahme fallen mir die literarischen Tagträume der Brontë-Geschwister ein. Die Ausnahme beweist aber nichts für Freuds These, denn die nach Arno Schmidt *spitzfindigen : spinnfitzigen Kinder* haben nicht über ihre Herkunft phantasiert, sondern ihre Träume vom Erwachsenenleben in die Phantasiereiche Angria & Gondal projiziert.[75]

Als ich die Überlegungen von Rank und Freud kontrollierte, sagte ich mir, die Aussetzungssage müsste auch im präkolumbischen Amerika belegt sein, wenn sie in der Tat allgemein menschlich wäre. Denn Amerika war bis zur Entdeckung vor 500 Jahren isoliert und folglich hätte die Aussetzungssage vor Kolumbus nicht aus der Alten in die Neue Welt wandern können. Mit Interesse nahm ich die Auskunft von Amerikanisten zur Kenntnis, sie würden weder aus Nordamerika, noch aus Mittel- und Südamerika Sagen von der Aussetzung und Rettung eines späteren Helden kennen. Andererseits ist die Sage im Fernen Osten bekannt, aber wiederum nicht in Schwarzafrika. Die geographische Verteilung bildet keine Empfehlung für die Deutung der Aussetzungssage als allgemein menschliche Spiegelung des Familienromans.

Verteidiger von Freud und Rank könnten immerhin auf das hohe Alter der antiken Sagen hinweisen, deren älteste von dem mesopotamischen König Sargon handelt. Sargon, der im 3. Jahrtausend vor Christus lebte, spricht selbst in einem Keilschrifttext von seiner Aussetzung und Rettung:[76] „Sargon, der mächtige König von Agade bin ich. Meine Mutter war eine Vestalin [jungfräuliche Priesterin]; meinen Vater kannte ich nicht, während der Bruder meines Vaters das Gebirge bewohnte. In meiner Stadt Azupirani, welche am Ufer des Euphrat gelegen ist, wurde mit mir schwanger die Mutter, die Vestalin. Im Verborgenen gebar sie mich. Sie legte mich in ein Gefäss von Schilfrohr, verschloss mit Erdpech meine Luke und liess mich nieder in dem Strom, welcher mich nicht ertränkte. Der Strom führte mich zu Akki, dem Wasserschöpfer. Akki, der Wasserschöpfer, in der Güte seines Herzens, hob er mich heraus. Akki, der Wasserschöpfer, zu seinem Gärtner machte er mich. In meinem Gärtneramt gewann Ischtar [Göttin] mich lieb, ich wurde König und 45 Jahre übte ich die Königsherrschaft aus".

Aber Sargon hat die schöne Geschichte weder selbst geschrieben, noch aufschreiben lassen. Man kennt Sargons Geburtslegende nicht bereits aus dem 3. Jahrtausend vor Christus, sondern erst aus der Tontafel-Bibliothek des assyrischen Königs Assurbanipal, der um 650 vor Christus regierte. Die heutigen Assyriologen sind davon überzeugt, dass Sargons Geburtslegende keinesfalls in Sargons Lebenszeit, zurückreicht. Es ist zweifelhaft, ob Sargons Geburtslegende älter ist als die assyrische Zeit.

---

[75] Schmidt 1975, 16.
[76] Freud 1950, 107–108. – Freud zitiert die von Rank 1909, 12, benutzte Übersetzung; Rank verweist auf Publikationen von Hommel und Jeremias.

1980 veröffentlichte der Assyriologe Brian Lewis eine Untersuchung der Sargon-Legende.[77] Nach Lewis steht im Hintergrund der Sagen über die ausgesetzten und geretteten Heldenkinder die in der Antike nicht seltene Praxis, unerwünschte Kinder auszusetzen. Anscheinend verbreitete sich die Aussetzungs-Sage seit Ende des 2. Jahrtausends vor Christus vom Zweistromland aus nach Osten und Westen. Diese Tatsache gibt uns einen ersten Fingerzeig auf das Alter der Moses-Sage, denn der biblische Erzähler hat offensichtlich den mit Pech abgedichteten Schilfrohrkasten aus der Sargon-Legende entliehen, als er über die Moses-Mutter schrieb (Exodus 2,3): „Da machte sie ein Kästlein von Rohr und verklebte es mit Erdharz und Pech und legte das Kind darein und legte ihn in das Schilf am Ufer des Wassers". Es wäre sinnlos anzunehmen, die Assyrer hätten dieses Detail der Moses-Sage im 8. oder 7. Jahrhundert vor Christus von den Juden entliehen, um die Sargon-Sage damit auszuschmücken. Die Zeit war damals noch nicht gekommen, in der das Judentum geistige Güter in seine Umwelt exportierte. Weil die Moses-Sage von der Sargon-Sage abhängig und letztere nicht vor der neuassyrischen Zeit nachweisbar ist, kann kaum die Rede davon sein, dass die Moses-Sage aus dem 2. Jahrtausend vor Christus stammt, als Moses gelebt haben soll (wenn er den tatsächlich gelebt haben sollte).

Die Aussetzung von Romulus und Remus: Eine Parallele zur Mosessage

Vielleicht war Rank und ihm folgend Freud von der grossen Zahl und dem scheinbar hohen Alter der Aussetzungssagen geblendet und schlussfolgerten daher auf ihren allgemein menschlichen Charakter. Allerdings berief sich Freud bei seiner Analyse der Moses-Sage letzten Endes gar nicht darauf, dass die Aussetzungssage den Familienroman widerspiegelt. Wie er selbst einräumte, reicht im Fall von historischen Personen die Erklärung aus dem Familienroman nicht aus, weil die Sage hier noch die zusätzliche Funktion der Verherrlichung und Legitimation von Emporkömmlingen übernimmt. In diesem Sinn zitierte Freud das Beispiel von Romulus, dem Gründer und ersten König von Rom.

Versionen der Sage fand Freud bei Rank.[78] Freud folgte in etwa der Fassung, die sich zuerst beim römischen Geschichtsschreiber (Annalist) Fabius Pictor am Ende des 3. Jahrhunderts vor Christus findet:[79] König Numitor von Alba Longa wird von seinem Bruder Amulius zur Abdankung genötigt. Um männliche Nachkommenschaft des Numitor zu verhindern, zwingt Amulius seiner Nichte Rea Silvia, der einzigen Tochter des Numitor, das Amt einer Priesterin der Göttin Vesta auf – ein mit dem Gebot der Ehelosigkeit verbundenes Amt.

Als Rea Silvia einmal Wasser in einem Hain schöpft, nähert sich ihr der Kriegsgott Mars und vergewaltigt sie. Die Vestalin bringt Zwillinge zur Welt, die Amulius an Räuber

---

[77] Lewis 1980.
[78] Rank 1909, 40–43; Rank 1922, 52–56.
[79] Zu Fabius Pictor und zur römischen Gründungssage, siehe Münzer 1909, 1836–1841.

übergibt, mit dem Auftrag, sie in den Tiber zu werfen. So geschieht es: Die Knaben werden in einer Mulde an den Fluss gebracht. Aber zufällig ist gerade Tiberüberschwemmung und die Räuber setzen daher die Mulde nur in das ausgetretene Wasser am Rande des palatinischen Hügels; als das Wasser wieder zurücktritt, bleibt die Mulde an einem Baum hängen. Eine Wölfin erscheint, die den Knaben ihre Zitzen bietet. Hirten kommen hinzu und sehen das Wunder, die Wölfin verschwindet im nahen Wald. Einer der Hirten, namens Faustulus, nimmt sich der Knaben an und lässt sie bei sich aufwachsen. Später werden Romulus und Remus Hirten und geraten einmal mit den Hirten des Numitor in Streit. Die Hirten nehmen Remus gefangen und bringen ihn vor Amulius, der ihn aber dem Numitor übergibt; der Grossvater erkennt seinen Enkel. Faustulus dagegen entdeckt dem Romulus die Wahrheit über seine Abkunft, worauf die Brüder sich mit ihrem Grossvater Numitor verständigen, den Amulius überfallen und töten, worauf Numitor wieder die Königsherrschaft in Alba Longa übernimmt.

Nach ihrer Anerkennung als Prinzen des Königshauses von Alba Longa beschliessen Romulus und Remus, an der Stätte, wo sie ihre Jugend verbrachten, eine Stadt zu gründen. Zwischen den Brüdern bricht aber ein Streit darüber aus, wer König sein, die Stadt gründen und ihr den Namen geben soll. Die Brüder holen ein Orakel ein, das für Romulus günstig ausfällt. Sogleich schreitet Romulus auf dem palatinischen Hügel zur Gründung der Stadt. Als erstes legt er die Höhe der künftigen Stadtmauer fest, Remus aber überspringt höhnend die Markierung, worauf ihn der erzürnte Romulus erschlägt. Romulus selbst findet später sein Ende bei einer Volksversammlung oder Heerschau, bei der sich der Himmel verfinstert und ein Unwetter losbricht. Nach dem Unwetter ist Romulus nicht mehr zu sehen und das Volk beklagt das Verschwinden des Heldenkönigs. Da kommt ein Mann und teilt mit, Romulus sei ihm als ein Gott begegnet, den die himmlischen Götter während des Unwetters zu sich entrückt haben (Sagenvariante: die Senatoren haben sich gegen Romulus verschworen, töten und zerstückeln ihn, begraben die Leichenteile und lassen den Volkshelden auf diese Weise heimlich verschwinden).[80]

Die zwei Familien der Aussetzungssage: Erzählerischer Zweck

Nach Freud soll der Familienroman in diesem Fall nicht zur Erklärung des sozialen Unterschiedes ausreichen, der zwischen den hochgestellten angedichteten Eltern des Helden und seinen niedriggestellten Hirteneltern besteht. Stattdessen würde es hier darum gehen, dem Helden eine Herkunft anzudichten, die seinem Rang als Stadtgründer und König entspricht. In diesem Sinne sagt Freud einleuchtend,[81] „wenn eine Romulus entsprechende Person gelebt hat, so war es ein hergelaufener Abenteurer, ein Emporkömmling; durch die Sage wird er Abkomme und Erbe des Königshauses von Alba Longa". Freuds Schluss ist aber unverbindlich, denn er berücksichtigte nicht, dass die

---

[80] Bremmer/Horsfall 1987, 25–48.
[81] Freud 1950, 110.

Sage von Romulus und Remus in Jahrhunderten gewachsen ist. Es wäre daher riskant, wenn man auf einen historischen Kern schliessen würde und sei es lediglich auf Romulus als hergelaufenen Abenteurer.

Für Freud war vor allem wichtig, dass die beiden Familien des Helden in der erdichteten Romulus-Sage eine andere Rolle spielen als die beiden Familien in der offensichtlich gleichfalls erdichteten Moses-Sage. In der Moses-Sage gehört die erste Familie, in die das Kind geboren wird, bescheiden genug zu einem in Ägypten versklavten ausländischen Volksstamm. Hingegen ist die zweite Familie, in welcher der Findling aufwächst, die ägyptische Königsfamilie: Pharaos Tochter zieht das Kind als ihren eigenen Sohn auf.

Freud erinnert daran, wie diese Abweichung vom Sagentypus auf viele Wissenschaftler befremdend gewirkt und zur Vermutung einer ursprünglich anderen Sagenfassung geführt hat:[82] „Der Pharao sei durch einen prophetischen Traum gewarnt worden, dass ein Sohn seiner Tochter ihm und dem Reiche Gefahr bringen werde. Er lässt darum das Kind nach seiner Geburt im Nil aussetzen. Aber es wird von jüdischen Leuten gerettet und als ihr Kind aufgezogen".

Doch Freud liess sich durch eine solche Konstruktion nicht täuschen:[83] „Die Sage ist entweder ägyptischen oder jüdischen Ursprungs. Der erste Fall schliesst sich aus; Ägypter hatten kein Motiv, Moses zu verherrlichen, er war kein Held für sie." Um zu verstehen, warum die beiden Familien der Moses-Sage von der Durchschnittssage abweichen, erinnerte Freud daran, dass die beiden Familien der Aussetzungssage auf der Ebene der psychoanalytischen Deutung identisch sind und sich lediglich auf mythischer Ebene als die vornehme und niedrige Familie unterscheiden:[84] „Wenn es sich aber um eine historische Person handelt, an die der Mythus geknüpft ist, dann gibt es ein drittes Niveau, das der Realität. Die eine Familie ist die reale, in der die Person, der grosse Mann wirklich geboren wurde und aufgewachsen ist; die andere ist fiktiv, vom Mythus in der Verfolgung seiner Absichten erdichtet. In der Regel fällt die reale Familie mit der niedrigen, die erdichtete mit der vornehmen zusammen. Im Falle von Moses schien irgendetwas anders zu liegen. Und nun führt vielleicht der neue Gesichtspunkt zur Klärung, dass die erste Familie, die, aus der das Kind ausgesetzt wird, in allen Fällen, die sich verwerten lassen, die erfundene ist, die spätere aber, in der es aufgenommen wird und aufwächst, die wirkliche. Haben wir den Mut, diesen Satz als eine Allgemeinheit anzuerkennen, der wir auch die Mosessage unterwerfen, so erkennen wir mit einem Male klar: Moses ist ein – wahrscheinlich vornehmer – Ägypter, der durch die Sage zum Juden gemacht werden soll".

---

[82] Freud 1950, 110, bezieht sich hier auf Meyer 1906, 46–47. Meyer erwähnt Pharaos Traum nicht, für den Freud in allgemeiner Weise auf Flavius Josephus verweist. Letzterer erzählt aber in *Jüdische Altertümer* II 205, nicht von einem Traum, sondern von der warnenden Prophezeiung eines der heiligen Schreiber.
[83] Freud 1950, 110.
[84] Freud 1950, 111.

Freuds Argument läuft darauf hinaus, dass ein Mann, der im pharaonischen Königshaus als Sohn einer Königstochter aufwächst, offensichtlich ein Ägypter ist – ein Ägypter, dessen angeblich hebräische Abstammung sich nur mit Hilfe des Kunstgriffs der Aussetzungssage behaupten lässt. Freuds Gedankengang wäre nicht ganz schlüssig, wenn der biblische Erzähler stillschweigend vorausgesetzt hätte, dass der Moses-Knabe als Fremdling im ägyptischen Königshaus aufwuchs, der äusserlich und innerlich ein Hebräer blieb. Den möglichen Einwand hat Freud nicht bedacht und in dem Zusammenhang auch die einzige Bibelstelle übersehen, aus der er seine These der ägyptischen Abstammung des Mannes Moses direkt hätte ableiten können.

Die Bibelstelle ist nach dem Alttestamentler Martinus Beek, das 2. Buch Moses, 2, 19.[85] An der Stelle sagen die Töchter zu ihrem Vater und Moses späterem Schwiegervater: „Ein ägyptischer Mann errettete uns von den Hirten ... usw.". Der *ägyptische Mann* (אִישׁ מִצְרִי) ist der erwachsene Moses, der vor Pharao nach Midian flüchtete und an einem Brunnen den Hirtinnen half, ihre Tiere zu tränken. Mithin präsentiert der biblische Erzähler selbst den Mann Moses äusserlich als einen Ägypter, und daher sind Freuds Überlegungen zur ägyptischen Abstammung des Mannes Moses schlüssig.

Die Sage über Aussetzung und Rettung des persischen Königs Kyros

Bei seinen Überlegungen setzte Freud voraus, was er in einem ersten Schritt hätte beweisen sollen, dass nämlich Moses in der Tat eine geschichtliche Figur war. Denn nur wenn Moses tatsächlich gelebt hätte, wäre es sinnvoll, seine königlich-ägyptische Familie als geschichtlich, seine hebräische Familie dagegen als erfunden anzusehen.[86] Vergleichsweise sieht man bei einer geschichtlichen Gestalt wie dem Perserkönig Kyros, der als Kind angeblich ausgesetzt und gerettet wurde, sofort welche seiner zwei Familien geschichtlich ist und welche erfunden. Kyros trat als Kleinkönig der Perser in die Geschichte ein; sein Oberherr war der medische König Astyages. Der Kleinkönig empörte sich gegen Astyages, besiegte ihn im Jahr 553 vor Christus, schenkte ihm das Leben und vereinte die Perser mit den stammverwandten Medern.

Herodot, der Vater der Geschichte, weiss von drei Erzählungen über die Jugend des Kyros, teilt aber nur eine einzige Fassung mit, derzufolge Kyros der Enkel des Mederkönigs Astyages war.[87] Astyages nämlich soll eine Tochter an den von ihm abhängigen persischen Kleinkönig verheiratet haben, der dann den Kyros zeugte. Vor der Geburt des Kyros hatte der Grossvater Astyages beunruhigende Träume, die ihm die Traumdeuter so deuteten, dass das Kind an seiner Statt König werden würde. Als Kyros geboren war, rief Astyages den Harpagos, einen Verwandten und sehr treuen medischen

---

[85] Beek 1961, 25, 172.
[86] Oder gilt das Argument auch dann, wenn der Aufenthalt der Kinder Israel in Ägypten und ihr Auszug unter Führung von Moses literarisch fingiert sind?
[87] Herodot, *Historien* I, 95, 107–122, siehe Haussig 1963, 45–58, sowie Accame 1982, 2–43.

Stammesgenossen, und gab ihm den Befehl das neugeborene Kind in sein Haus zu tragen, es zu töten und zu begraben. Harpagos aber führte den Befehl seines Königs nicht aus, sondern übergab das Kind einem medischen Hirten mit dem Auftrag, es dort im Gebirge auszusetzen, wo es die meisten wilden Tiere gab. Die Frau des Hirten aber war schwanger und gebar zu der Zeit ein Kind, das gleich bei der Geburt tot war oder bald starb. Als der Hirt seiner Frau den Kyros-Knaben zeigte, und als diese sah, „wie gross und schön er war, weinte sie, fiel ihrem Mann zu Füssen und beschwor ihn, den Knaben nicht auszusetzen". Die Frau überredete den Mann, ihr eigenes, aber totes Kind auszusetzen und das fremde lebende Kind anzunehmen, von der Vertauschung aber nichts verlauten zu lassen. Auf diese Weise kam es, dass Kyros gerettet wurde und bei dem Hirten und seiner Frau aufwuchs.

An dieser Stelle lohnt sich ein Blick zurück auf die Moses-Sage: Warum doch entging der Moses-Knabe gleich nach der Geburt der Gefahr, von seiner Mutter preisgegeben und seinen ägyptischen Mördern ausgeliefert zu werden? Als Grund nennt der Erzähler, die Mutter habe gesehen, dass Moses *ein schönes Kind war*. Eben die Rettung eines zur Aussetzung bestimmten Kindes, weil es einer Frau schön, gross und kräftig erscheint,[88] findet sich auch in der Kyros-Sage. Diese Übereinstimmung deutet auf die Abhängigkeit der Moses-Sage von der Kyros-Sage; eine umgekehrte Abhängigkeit kommt nicht in Frage. Weil die Kyros-Sage nicht vor dem späten 6. Jahrhundert vor Christus entstanden und zu den Juden gewandert sein kann, wäre die Moses-Sage auf keinen Fall älter als etwa das Jahr 500 vor Christus

Der Hirt, der den Kyros auf Drängen seiner Frau heimlich adoptierte, übergab sein eigenes totes Kind einem Boten des Harpagos, der es bestattete. Kyros aber wurde von dem Hirtenweib aufgezogen. Als Kyros zehn Jahre alt war, erfuhr König Astyages die Wahrheit über die Abstammung des Knaben, liess ihn aber zu seinen leiblichen Eltern nach Persien gehen.

Die Märchenhaftigkeit der Erzählung ist offenkundig und selbstverständlich wurde Kyros in die persische Königsfamilie geboren und wuchs dort auf, ohne zwischenzeitig bei einer medischen Hirtenfamilie zu leben. Es verhält sich so, wie Freud erkannt hat, dass jene Familie in der das angeblich ausgesetzte Kind tatsächlich aufwächst und aus deren Mitte es als Erwachsener seinen Weg in die Welt antritt, die geschichtlich reale ist.

Märchenhaftigkeit der Aussetzungssagen

Auch ein von seiner Kritikfähigkeit überzeugter Grieche wie Herodot, akzeptierte die Kyrossage und durchschaute ihren sachlichen Unsinn nicht. Herodot war lediglich nicht

---

[88] Bei den !Kung war Kindestötung eine Art der Geburtenkontrolle. Anlässlich einer verhinderten Tötung durch die Mutter wird eine Verwandte unter anderem mit folgenden Worten zitiert: „Du musst den Verstand verloren haben, ein so grosses und schönes Baby töten zu wollen". Zitiert nach Shostak 1982, 15–16.

gewillt, jene andere Fassung zu glauben, nach der es eine Hündin war, die den Kyros säugte. Jenes Hirtenweib, das Spako (Σπακω) hiess, nach dem medischen Wort Spaka für *Hündin*,[89] habe Kyros aufgezogen und mit aller Liebe gepflegt:[90] „Kyros sprach immer wieder nur von der *Hündin*. Die Eltern merkten sich diesen Namen, und damit die Erhaltung ihres Sohnes den Persern noch wunderbarer vorkäme, verbreiteten sie das Gerücht, der kleine ausgesetzte Kyros sei von einer Hündin aufgezogen worden."

Noch in der Antike fanden überschlaue Zweifler eine Erklärung auch für die wölfische Amme von Romulus und Remus:[91] Nicht eine Wölfin habe die Zwillinge gesäugt, sondern des Hirten Faustulus Frau, die man Lupa (Wölfin) genannt habe. Doch habe die Frau des Faustulus nicht persönlich Lupa geheissen,[92] sondern so sei sie genannt worden, weil sie vor ihrer Ehe mit Faustulus eine Hure war oder eine Lupa, wie eine *meretrix* bei den Römern hiess.

Aber die Erklärungen sowohl zur *Hündin* des Kyros als auch zur *Lupa* von Romulus und Remus sind schief. Herodot und andere Kritiker hätten nicht ein merkwürdiges Sagendetail rational erklären, sondern die Aussetzungssagen von Grund auf als Märchen erkennen sollen. Die Aussetzungssage mag einem naiven Hörer genügen, damit er Moses für einen geborenen Hebräer hält. Der gesunde Menschenverstand sagt einem, dass die angeblichen Kindesaussetzungen, von denen die antiken Sagen erzählen, in der Wirklichkeit nicht stattgefunden haben; in der Wirklichkeit stammen die angeblich ausgesetzten Kinder aus eben jenen Familien, in denen sie tatsächlich aufgewachsen sind.

Ein historisch-kritisch eingestellter Hörer von Aussetzungssagen wird genau den gegenteiligen Schluss ziehen, den die Sagenerfinder bei ihren Hörern erzielen wollten. Das schliesst nicht aus, dass ein kritisch eingestellter Leser die Erzählung von der Aussetzung und Rettung eines Kindes als schöne Geschichte geniesst, so wie er mit Behagen in Kiplings Dschungelbuch lesen kann, wie die Wölfin Raksha (Dämonin) den kleinen Mowgli (Frosch) säugt und ihm das Leben rettet.[93]

Aber jenseits vom Genuss an schönen Geschichten bleibt es dabei, dass die märchenhaften Aussetzungen in der Wirklichkeit nicht stattgefunden haben. Vielmehr begegnen wir bei den Aussetzungen und Rettungen einer beliebten Schablone, die an Erzählfiguren angelegt wurde, seien diese geschichtliche Personen oder Phantasiegestalten gewesen. Es bleibt uns daher keine andere Wahl als Freuds Urteil zu wiederholen und in Moses einen dem Königshaus entstammenden Ägypter zu sehen, der mit Hilfe einer Sagenschablone zum Juden gemacht werden soll.

---

[89] Herodot I 110; siehe Mayrhofer 1968, 4–5, ein Literaturverweis, der s. v. *Spaka-, bei Tavernier 2007, 312 fehlt.
[90] Herodot I 122, siehe Haussig 1963, 58.
[91] Kock 1927, 1814–1815.
[92] Mit persönlichem Namen hiess die Frau Acca Larentia, siehe Kock, Anm. 92.
[93] Kipling 1894.

Und um noch einmal auf Kyros zurückzukommen, so meinte Freud, es wäre das Ziel der Kyros-Sage gewesen, aus dem Perser Kyros soweit wie möglich einen Meder zu machen.[94] Denn wenn die Sage den Kyros zum Enkel eines medischen Königs machte, dann war Kyros ein halber Meder, was den von Kyros besiegten Medern akzeptabler sein mochte als ein ganzer Perser. Aber vielleicht hatte die Kyros-Sage keinen politischen Zweck, sondern zeigt uns lediglich, wie sich die Zeitgenossen den Sieg des jungen Kyros über den alten Astyages mit Hilfe der Sagen-Schablone vom verfolgten Enkel erzählerisch zurechtgemacht haben.

Wie es sich auch im Fall von Kyros verhalten mag – bei Moses geht es jedenfalls darum, dass er als der grösste Prophet des jüdischen Volkes aus dem jüdischen Volk selbst stammen muss. Weil die alten Juden die blutsmässig jüdische Abstammung besonders hoch werteten, war die jüdische Abstammung ihres Propheten und Befreiers Moses eine Notwendigkeit sowohl für den biblischen Erzähler als auch für seine jüdischen Leser.

Mit Freud darf man schliessen, dass Moses in der geschichtlichen Wirklichkeit ein Ägypter gewesen wäre, wenn er denn in der geschichtlichen Wirklichkeit existiert hätte. Also kann man mit Freud die Frage stellen, ob ein geschichtlich existierender ägyptischer Moses den Juden die ägyptischen Sitten oder gar die ägyptische Religion gelehrt hätte.

---

[94] Freud 1950, 110.

IV

Moses – ein Jünger Echnatons?

Mit den Worten, „Wenn Moses ein Ägypter war ..."‚[95] leitete Freud den zweiten Teil seines Buches über den Mann Moses ein und stellte die Frage, was wohl einen vornehmen Ägypter – vielleicht Prinz, hoher Beamter – bewegen mochte, sich an die Spitze eines Haufens von eingewanderten, kulturell rückständigen Fremdlingen zu stellen und mit ihnen das Land zu verlassen?[96] Neben der ersten Schwierigkeit – wie kann sich ein vornehmer Ägypter zu rückständigen Fremdlingen herablassen? – sah Freud eine zweite: Sollte Moses – wenn er denn tatsächlich ein Ägypter war – den Israeliten nicht seine eigene altägyptische Religion gebracht haben? Dies scheint ein Ding der Unmöglichkeit, denn zwischen der biblischen und der altägyptischen Religion bestehen unversöhnliche Gegensätze. Weil der jüdische Gott Jahweh den Anspruch erhebt der einzige Gott zu sein (vielmehr, weil seine Anhänger den Anspruch erheben, ihr Gott sei der einzige Gott überhaupt), so handelt es sich bei der biblischen Religion um einen Monotheismus, eine Eingottreligion.

Dagegen kannte die altägyptische Religion viele Göttinnen und Götter und war mithin ein Polytheismus, eine Vielgötterreligion. Viele Götter sowie Bilder von Göttern sind nach den durch Moses mitgeteilten und meinen Lesern vom Hörensagen bekannten Geboten des biblischen Gottes ausdrücklich verboten (Ex 20,4–5):[97] „Du sollst dir kein (Gottes-)Bild verfertigen, noch irgendein Abbild, von etwas, das im Himmel droben oder auf der Erde drunten oder im Wasser unter der Erde ist. Du sollst dich vor solchen nicht niederwerfen und sie nicht verehren". Dagegen bildeten die Ägypter ihre Götter sowohl menschen- als auch tiergestaltig ab. Als Beispiel zeigt Abb. 1 den Gott Atum und die in zweiter und dritter Generation von ihm abstammenden Gottheiten.

Abb. 1: Die Götter-Neunheit des Atum; Männer mit Uas-Zepter, Frauen mit Papyrus-Zepter; nach Lull 2004, Fig. 2

---

[95] Freud 1950, 114.
[96] Freud 1950, 115.
[97] Übersetzung von Holzinger 1909, 111.

(1) Atum, abendlicher Sonnengott, Weltschöpfer; mit Doppelkrone der Könige.
(2) Schu, Sohn des Atum; Entsprechung: Luft, Licht; die Straussenfeder auf seinem Kopf ist eine Hieroglyphe mit der Lesung *Schu*.
(3) Tefnut, Tochter des Atum, Gattin von Schu; Entsprechung: Feuchtigkeit; mit Löwinnenkopf, darüber die Sonnenscheibe mit Kobra.
(4) Geb, Sohn von Schu und Tefnut; Entsprechung: Erdgott; die Gans (*anser albifrons*) auf seinem Kopf ist eine Hieroglyphe mit der Lesung *Geb*.
(5) Nut, Tochter von Schu und Tefnut; Entsprechung: Himmelsgöttin; der Topf auf ihrem Kopf ist eine Hieroglyphe mit der Lesung *nu*.
(6) Osiris, Sohn von Geb und Nut, Totengott; Entsprechung: Sternbild Orion; er trägt die Weisse Krone mit zwei Straussenfedern.
(7) Isis, Tochter von Geb und Nut, Gattin des Osiris; Entsprechung: Stern Sirius; die Hieroglyphe *Sitz mit Rückenlehne* auf ihrem Kopf liest man *jst* oder ähnlich.
(8) Seth, Sohn von Geb und Nut, Mörder des Osiris; Entsprechung: Planet Merkur; mit Kopf eines Phantasietieres.
(9) Nephthys, Tochter von Geb und Nut, Gattin von Seth; Entsprechung: unbekannt; die kombinierten Hieroglypen *nb*-Korb und *ḥt*-Grundriss auf ihrem Kopf deuten ihren Namen an.

Von Jahweh gibt es keine bildhafte Vorstellung, daher der leere Rahmen:

leerer Rahmen

Abb. 2: Leerer Rahmen

... was aber ist mit der Anekdote im 2. Buch Moses, Kapitel 33, Vers 18–23, wo Moses Jahweh bittet, er möge ihn doch seine Gestalt sehen lassen?

> Bible: King James Version of 1611
>
> And (Moses) said, I beseech thee, shew me thy glory.
>
> And (Jahweh) said, Thou canst not see my face: for there shall no man see mee, and liue.
>
> And (Jahweh) said, Beholde, there is a place by mee, and thou shalt stand vpon a rocke.
>
> And it shall come to passe, while my glory passeth by, that I will put thee in a clift of the rocke, and will couer thee with my hand, while I passe by.
>
> And I wil take away mine hand, and thou shalt see my backe parts: but my face shall not be seene.

Ein alter Grieche hätte gedacht, es könnte Moses mit Jahweh gehen wie Semele mit Zeus. Semele war eine menschliche Geliebte des *Blitze schleudernden* Zeus; als sie mit Dionysos schwanger war, bat sie Zeus inständig sich in seiner wahren Gestalt zu zeigen ... Semele stirbt (*Positivblitz? Negativblitz?*); der Vater rettet das Kind:

> Starb meine Mutter in Flammen dahin
> Als sich in Flammen mein Vater ihr zeigte

Wie Herodot in ἱστορία, Buch II. 42 erzählt, wollte Herakles, ein anderer Sohn des Zeus, einst seinen Vater schauen; Zeus wollte aber nicht, dass Herakles ihn sähe. Weil Herakles beharrlich darum bat, ersann Zeus eine List. Er häutete einen Widder, schlug ihm den Kopf ab, setzte sich den Widderkopf auf, tat das Fell um und zeigte sich seinem Sohn. Daher kommt es, dass die Ägypter Zeus mit einem Widderkopf darstellen usw. ...[98]

Wie Zeus durch die Bitten seines Sohnes, so lässt sich Jahweh durch Moses Bitten bewegen. Er geht an Moses vorüber, lässt ihn aber lediglich die göttliche Rückseite sehen, nicht das Gesicht; die geringe Ehre teilt Moses mit bösen Engeln und Teufeln:

> Zwar Gott zeigt sich dem Baʿal Sebub wie dem Seraphin,
> doch sieht der eine köpflings, der andre ärschlings ihn.
>
> *(Angelus Silesius, Der Cherubinische Wandersmann. Fünftes Buch geistreicher Sinn- und Schlussreime, Nr. 72; Wien 1657.)*

In *Tristram Shandy* (VI.XXXVIII) the author invites the reader to draw his own portrait of the widow Wadman *auf einer leer gelassenen Buchseite*: – „please, but your own

---

[98] Siehe Herodot 1963, 118.

fancy in it". Mögen meine Leser ein *portrait of* Jahweh in den leeren Rahmen einzeichnen, von vorn oder hinten gesehen, mit oder ohne Anziehsachen.

Immerhin kam auch der altägyptische Sonnengott ohne Kultbild aus, denn in seinen Schreinen standen keine Statuen. Vielmehr verhält es sich so, wie in einer Göttergeschichte erzählt,[99] dass der Gott *Baba* in beleidigender Absicht zum Sonnengott in seinem Namen *Rē* sagen kann: *Dein Schrein ist leer!* – worauf sich *Rē*, der Herr des Alls, beleidigt auf den Rücken legt und tagelang kein Wort spricht.

Aber der Faden reisst, den Freud von der Annahme her spinnen wollte, Moses sei ein Ägypter gewesen. Der Faden reisst, weil ein ägyptischer Moses den fremden Juden doch nur seine eigene, altägyptische Vielgötterei hätte bringen können. In dieser Situation verfällt Freud auf die zündende Idee, Moses sei ein Anhänger von Pharao Echnaton gewesen und knüpft den gerissenen Faden dadurch wieder an. Über Echnaton konnte Freud lesen, wie der Pharao eine strenge Eingottreligion einführte, den Kult des Sonnengottes in seinem Namen Aton –, soweit unsere Kenntnis reicht, der erste Monotheismus in der Weltgeschichte. Aber die Regierung Echnatons währte nur 17 Jahre, bald nach seinem Tod wurde die neue Religion hinweggefegt und das Andenken des ketzerischen Königs geächtet.[100]

Freud wollte den Schluss wagen:[101] „Wenn Moses ein Ägypter war, und wenn er den Juden seine eigene Religion übermittelte, so war es die des Ikhnaton [= Echnaton],[102] die Atonreligion. ... Gehen wir von der Voraussetzung aus, dass Moses ein vornehmer und hochstehender Mann war, vielleicht wirklich ein Mitglied des königlichen Hauses, wie die Sage von ihm behauptet. Er war gewiss seiner grossen Fähigkeiten bewusst, ehrgeizig und tatkräftig; vielleicht schwebte ihm selbst das Ziel vor, eines Tages das Volk zu leiten, das Reich zu beherrschen. Dem Pharao nahe, war er ein überzeugter Anhänger der neuen Religion, deren Grundgedanken er sich zu eigen gemacht hatte. Mit dem Tod des Königs und dem Einsetzen der Reaktion sah er all seine Hoffnungen und Aussichten zerstört. In dieser Notlage fand er einen ungewöhnlichen Ausweg. Der Träumer Echnaton hatte sein Weltreich zerbröckeln lassen. Moses' energischer Natur entsprach der Plan, ein neues Reich zu gründen, ein neues Volk zu finden, dem er die von Ägypten verschmähte Religion zur Verehrung schenken wollte." Freud spekulierte, wie Moses vielleicht als Statthalter einer Grenzprovinz mit einem semitischen Volksstamm in Berührung stand, einem Volksstamm, der dort vor einigen Generationen eingewandert sein mochte. In der Not der Enttäuschung und Vereinsamung nach Echnatons Ende wandte sich der Statthalter Moses diesen Fremden zu – den biblischen Israeliten – und versuchte seine Ideale an ihnen zu realisieren.

---

[99] Broze 1996, 39–41, 238–243.
[100] Freud 1950, 118.
[101] Freud 1950, 123; 126–127.
[102] Freud 1950, 121 n. 1 erklärt, dass er Breasteds Orthographie folgt, der Ikhnaton schreibt. – Ikhnaton ist genauso wenig richtig wie Echnaton; die Konsonanten kann man lesen, die Vokale sind unbekannt.

Freud zitierte den Ägyptologen James Henry Breasted, der Echnaton als *the first individual in human history* gepriesen hat und nannte den Pharao eine *merkwürdige, ja einzigartige Persönlichkeit ... des höchsten Interesses würdig*.[103]

Das erste Individuum? – Über ein Jahrtausend vor Echnaton gab es bereits ein *allererstes* Individuum:[104] „Until Ikhnaton the history of the world had largely been merely the irresistible drift of tradition. The outstanding exception was the great physician-architect, Imhotep, who introduced stone architecture and built the first stone masonry pyramidal tomb of the Thirtieth Century B.C. Otherwise men had been but drops of water in the great current. With the possible exception of Imhotep, Ikhnaton was the first individual in history."

Freud scheint Breasteds unkritischer Verherrlichung von Echnaton vorbehaltlos zugestimmt zu haben. Warum hat der berufsmässige Psychologe Freud die Verherrlichung nicht als eine Projektion von Breasteds eigenen Idealen auf den alten Pharao dekonstruiert? Und was ich sehr vermisse, das ist eine Kritik von Freud an Echnatons Kult: War denn Freud kein prinzipieller Religionsfeind? Galt seine Feindschaft nur der jüdisch-christlichen Religion? Wären ihm heidnische Religionen unanstössig gewesen?

Pharao Echnaton war seit Ende des 19. Jahrhunderts eine populäre Figur, auf die nicht nur Freud, sondern auch andere Laien sowie Fachwissenschaftler gleichermassen ihre Ideale und Phantasien, Abneigungen und Feindbilder projizierten:[105]

> sino también diversos laureados del Premio Nobel. Thomas Mann hizo de Akenatón el interlocutor de su bíblico José; para Naguib Mahfuz Akenatón fue un pacifista pusilánime. Dmitrij Merežkovskij, varias veces nominado al premio, creyó reconocer en Akenatón a un precursor de Jesucristo. Para Mika Waltari fue un revolucionario social.

Wie später *Naguib Mahfuz* so sah auch Freud in Echnaton einen Pazifisten:[106] „Aton war Pazifist gewesen wie sein Vertreter auf Erden, eigentlich sein Vorbild, der Pharao Ikhnaton, der untätig zusah, wie das von seinen Ahnen gewonnene Weltreich auseinanderfiel." Aber seit Jahrzehnten gilt das ältere ägyptologische Urteil über Echnatons Aussenpolitik als schief und nicht angemessen. Im palästinisch-syrischen Vasallengebiet sah Echnaton lange Zeit keinen Grund zu Militäraktionen. In seinem letzten Regierungsjahr schickte er eine Armee gegen die abgefallene Vasallenstadt Qadesh; der

---

[103] Freud 1950, 118.
[104] Breasted 1933, 301.
[105] Zitat aus meinem Vortrag *Religión y arte de Amarna – Interpretación para escépticos*, 17 de Noviembre 2016, Departemento de Geografía e Historia, Universidad de La Laguna, Tenerife. – (deutsche Vorlage:) *Aber das gilt nicht nur für die Ägyptologen, sondern auch für Literatur-Nobelpreisträger. Thomas Mann machte aus Akenatón einen Gesprächspartner des biblischen Josef. Naguib Mahfuz sah in Akenatón einen pazifistischen Schwächling. Dmitrij Merežkovskij, ein Kandidat für den Nobelpreis, wollte in dem alten Pharao einen Vorläufer von Jesus Christus erkennen, Mika Waltari einen Sozialrevolutionär.*
[106] Freud 1950, 166.

Feldzug war ein Misserfolg, was der König vermutlich nicht mehr erfahren hat.[107] Im kuschitischen Kolonialgebiet südlich vom 1. Katarakt blieben die unterworfenen Einheimischen ruhig. Aus dem 12. Regierungsjahr Echnatons ist eine militärische Aktion gegen Nomaden überliefert, die im Niltal geplündert hatten. Echnatons Soldaten machten 145 männliche und weibliche Gefangene und zählten 361 tote Feinde.[108]

In den 1980er Jahren kamen schlagende Beweise für den atonistischen Pazifismus zutage. Ein Beispiel ist der reliefierte *talatat*-Block von Abb. 3, der Echnaton beim Zuschlagen mit einem Krummschwert zeigt, ferner auch Krummschwert und Keule in den Händen der Strahlen-Sonne.[109] Die Ägyptologen können das Bildmotiv *Erschlagen-des-Feindes* bis in eine Epoche rund 1500 Jahre vor Echnaton zurückverfolgen. In der älteren Zeit schlägt Pharao die feindlichen Schädel mit einer Keule ein; in jüngeren Zeiten dient ihm ein Sichelschwert als Waffe und wenn ein König nicht allein beim Zuschlagen dargestellt ist, dann zusammen mit einem Gott der ihm aufmunternd eine Waffe überreicht.

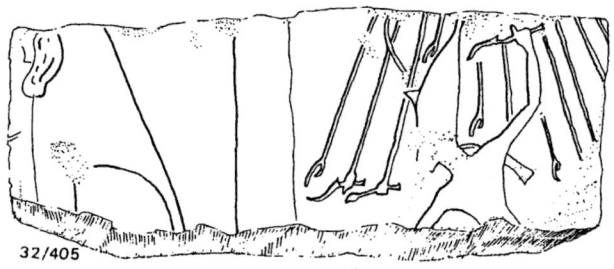

Abb. 3: König Echnaton und Sonnengott Aton beim *Erschlagen-des-Feindes*; nach Traunecker 1984, Fig.1

Aus dem Nicht-Pazifismus folgt eine lediglich kleine Korrektur an Freuds Vermutungen über den Pharao und seinen Gott, eine Korrektur, die Echnatons Monotheismus nicht berührt. Es wäre eine andere Sache, wenn sich die mono-*theistische* Beziehung Echnatons zu seinem Gott in einer mono-*gamen* Ehe Echnatons mit Nofretete spiegeln würde. Und in der Tat – „[des égyptologues] ont suggéré que l'amour monogamique affiché par Akhénaton pour Nefertiti, alors qu'on sait très bien qu'il avait, comme les autres pharaons des épouses secondaires ..., participe sans doute à la même idéologie." [110] Lange Zeit haben die Ägyptologen Echnaton für einen Monogamisten gehalten, aber das änderte sich in den 1960er Jahren mit der Entdeckung seiner *hochgeliebten* Nebenfrau Kiya. Wie jeder rechtschaffene Pharao hatte auch Echnaton einen Harem

---

[107] Gabolde 2005, 256–258, mit Verweis auf Gabolde 1998.
[108] Helck 1980, 117–126.
[109] Traunecker 1984, 60–69.
[110] Cannuyer 2002, 52.

und lebte als Polygamist. Im übrigen besteht keine allgemeine systematische Abhängigkeit zwischen Monogamie und Monotheismus, siehe den monotheistisch-moslemischen Standard: *ein Hähnchen und vier Hühnchen*.

Sonnen-Hymnus Echnatons und Psalm 104

Breasteds Buch *The Dawn of Conscience* erschien zu einem für Freud entscheidenden Zeitpunkt, als er im Jahr 1933 begonnen hatte, sich mit dem Thema des biblischen Moses zu beschäftigen. Freud hätte dem Buch ein Argument für seine These über Moses als Jünger Echnatons entnehmen können. Breasted schilderte die aus der Echnaton-Zeit erhaltene *series of hymns in praise of the Sun-god, or of the Sun-god and the king alternately, which afford us at least a glimpse into the new world of thought, in which we behold this young king and his associates lifting up their eyes and endeavouring to discern God in the illimitable sweep of his power – God no longer of the Nile Valley only, but of all men and of all the world.*[111] Breasted wirft die Frage nicht auf, wer die Hymnen verfasst hat.

Im allgemeinen haben die Ägyptologen eine hohe Meinung von *Echnatons Sonnen-Hymnus*. Beispielsweise James K. Hoffmeier beginnt einen neueren Artikel über den *Grossen Aton-Hymnus* mit einer Zitatenlese aus englisch-sprachigen Veröffentlichungen (*English spoken only!*):[112] *a fine example of the Egyptian poetic genius – an eloquent and beautiful statement of the doctrine of the one god – one of the most remarkable documents in all of ancient Egyptian history and, indeed, in all of the ancient world.* Der interessierte Leser kann die von Hoffmeier zitierten Autoren über seine bibliographischen Angaben herausfinden.

Auf Deutsch verfasstes Lob für den Dichter Echnaton rührt beispielsweise von Oskar Pfister,[113] der ein Pastor war sowie der eine von zwei christlichen Schülern Freuds. Pfister antwortete auf eine psychoanalytische Arbeit von Karl Abraham;[114] ägyptologisch verliess er sich auf Breasted und Weigall:[115] „Wir enthalten uns der ästhetischen Analyse dieses gewaltigen Liedes, das so deutlich den Stempel einer hochbegabten und eigenartigen dichterischen Persönlichkeit trägt. Keiner in des Königs Umgebung hätte von sich aus so empfunden, in keinem waren so ungewöhnliche religiöse Kräfte vorhanden. Uns beschäftigt hier vor allem der Frömmigkeitsgehalt dieses Gesanges und anderer Lieder desselben Propheten."

---

[111] Breasted 1933, 281.
[112] Hoffmeier 2015/16, 43–44.
[113] Pfister 1914, 115.
[114] Abraham 1911, 334–360.– Im Tagebuch der DOG-Amarna-Grabung von 1912/13 (aufbewahrt im Ägyptischen Museum Berlin) steht auf Seite 138 unter dem Datum 25. 12. 1912: „Nach dem Abendessen liest Ranke [siehe Anm. 38, 54] aus einer ihm zugesandten psychoanalytischen Zeitschrift den Vortrag eines Dr. Abraham vor, in dem Amenophis der Vierte psycho analytisch als der erste Neurotiker verarztet wird!!!"
[115] Breasted/Ranke 1910. – Weigall 1910.

¡Ja, Pfastor Pister![116] der Text hat viel Frömmigkeitsgehalt und besteht formal aus einer langen Liste dessen, was man zwischen Sonnenauf- und Untergang in der Menschen- und Tierwelt beobachten kann. Wo in der Auflistung macht sich eine *hochbegabte und eigenartige dichterische Persönlichkeit* bemerkbar? ¿Wie war das mit *Klopstocks Messiade*, einer erhaben frommen Pflichtlektüre im 18. Jahrhundert:[117] „ ... bei der entsetzlichen Langeweile nun, die diese Lektüre beiden verursachte, und die sie sich doch einander, und jeder sich selber kaum zu gestehen wagten." Der *Sonnen-Hymnus* ist nicht so langweilig wie die *Messiade*, aber Pfisters Lob ist unangebracht, schon deswegen weil die Untertanen in den an Echnaton gerichteten Lobhudeleien nichts über dichterische Begabung sagen.

Schon 1905, in der 1. Auflage seiner *Geschichte Ägyptens*, hatte Breasted auf Übereinstimmungen zwischen dem aus Echnatons Zeit stammenden Sonnen-Hymnus mit dem 104. Psalm in der Bibel hingewiesen.[118] In *Dawn of Conscience* stellte er parallele Passagen nebeneinander.[119] Schlagend ist beispielsweise die Parallelität, in der beide Texte Nacht und Tag beschreiben, wie die Löwen am Abend aktiv werden und die Menschen am Morgen ihre Arbeit aufnehmen.

Sonnen-Hymnus	**Psalm 104, Vers 20–21**
When thou settest in the western horizon of the sky,	Thou makest darkness and it is night
The earth is in darkness like death.	Wherein all the beasts of the forest creep forth.
....	
....	
Every lion comes forth from his den,	The young lions roar after their prey,
....	And seek their food from God.
....	
Bright is the earth when thou risest in the horizon;	The sun ariseth, they get them away,
....	And lay them down in their dens.
....	
Men waken and stand upon their feet	Man goes forth unto his work,
....	
....	
Then in all the world they do their work.	And to his labour until the evening.

Eine merkwürdige Übereinstimmung bieten die Verse über Tiere im Wasser und Schiffe auf dem Wasser:

---

[116] *Pfastor Pister* ist ein billiger Kalauer. Kann ich mich mit dem Hinweis auf Nietzsche (Ecce homo), *Nohl, Pohl, Kohl mit Grazie in infinitum!* entlasten?
[117] Moritz 1790, 149. – Oder Grabbe 1827, 1. Akt, 4. Szene: *Er liest zwei Verse und schläft ein.*
[118] Breasted 1909, 371–374.
[119] Breasted 1933, 282–284.

Sonnen-Hymnus	**Psalm 104, Vers 25–26**
The barques sail up-stream and down-stream alike.	Yonder is the sea, great and wide,
Every highway is open because thou dawnest.	Wherein are things creeping innumerable,
The fish in the river leap up before thee.	Both small and great beasts. There go the ships.
Thy rays are in the midst of the great green sea.	There is leviathan, whom thou hast formed to play therein.

Für den Psalmenleser kommen die Schiffe überraschend, und in älteren Kommentaren gelten die Schiffe als eine verdorbene Textstelle.[120] Für einen ägyptischen Hörer des Hymnus waren Schiffe auf dem Nil eine alltägliche Selbstverständlichkeit. Bei den Fischen, die laut Sonnen-Hymnus aus dem Wasser springen, handelt es sich um Fluss-Fische, also um Nilfische. Aber der jüdische Psalmen-Dichter konnte kein Interesse daran haben auf die Geographie Ägyptens einzugehen. Anspielungen auf den ägyptischen Nil finden sich im Psalm keine, stattdessen ist das Meer-Thema (ägyptisch: das Grosse Grüne/great green = Meer) breit ausgeführt.

Der im Psalm zitierte Leviathan ist bekanntlich eines der Monstertiere, welche die Juden von ihren persischen Herren in ihre religiöse Folklore übernommen haben.[121] Breasted übersetzte die Psalmenstelle in dem Sinn als ob der Leviathan für sich allein im Meer spielen würde (*formed ... to play therein*), aber nach jüdischer Auffassung spielt JHWH mit ihm; siehe Heine in *Disputation* (Romancero, Drittes Buch, Hebräische Melodien):

> Leviathan heisst der Fisch,
> welcher haust im Meeresgrunde;
> mit ihm spielet Gott der Herr
> alle Tage eine Stunde –

Eine von Breasted auch zitierte Parallele zwischen den beiden Texten ist die Bewunderung der grossen Zahl/Vielfalt der Werke des jeweiligen Schöpfers:

Sonnen-Hymnus	**Psalm 104, Vers 24**
How manifold are thy works!	O lord [Jhwh], how manifold are thy works!

Warum hat sich Freud nicht auf den 104. Psalm berufen, um seine Idee von Moses als Jünger Echnatons zu untermauern? Er hätte doch die Abhängigkeit des Psalms vom Sonnen-Hymnus geschichtlich so ausdeuten können, dass Moses den Juden nicht nur

---

[120] Gunkel 1926, 446, übersetzte vor rund 90 Jahren *schreckliche Wesen*, anscheinend in Parallele zum Leviathan-Monster, obwohl er den Amarna-Hymnus als teilweise Vorlage des Psalms akzeptierte. – Kraus 1989, 885, hat vor rund 20 Jahren *Schiffe* gelesen und auf den Amarna-Hymnus als Parallele verwiesen.

[121] Kohut 1867, 590.

Echnatons Lehre von dem einzigen Gott, sondern auch den Text von Echnatons Sonnen-Hymnus mitgebracht hat. Vielleicht liess sich Freud von Breasteds Vermutung bestimmen, der Sonnen-Hymnus wäre noch zur Zeit Echnatons im syrischen Machtbereich Ägyptens bekannt und in einen syrischen Dialekt übersetzt worden, bis ihn schliesslich ein eklektizistischer biblischer Dichter zur Vorlage der Verse 20–30 des 104. Psalms nahm. Freuds Verzicht auf ein scheinbar so einleuchtendes Beweisstück ist umso beachtlicher, als Breasted selbst die Frage für belangvoll hielt, „what place the hymn of Ikhnaton may have had among the influences which gradually led the Hebrews to monotheism. Some place among such influences is highly probable."[122] Alttestamentler, Ägyptologen usw., diskutieren immer noch, ob – und wenn, wie weit – Breasteds Vermutung zutrifft.[123]

Arthur Weigall – Freuds unzuverlässiger ägyptologischer Gewährsmann

Obwohl Freud der von Breasted gefundenen Verbindung zwischen dem Sonnen-Hymnus Echnatons und dem biblischen Psalter nicht nachging, verliess er sich doch im allgemeinen auf Breasteds Veröffentlichungen. Ihn nennt Freud als einen Historiker, dessen 1905 erschienene Geschichte Ägyptens als massgeblich geschätzt und nach dem auch er – Freud – sich richten würde. So verdienstvoll Breasteds *Ägyptische Geschichte* bei ihrem Erscheinen gewesen sein mag – 30 Jahre später, als Freud sie noch immer als massgeblich benutzen wollte, war sie veraltet. In der Zwischenzeit hatte sich das Wissen über Echnaton und seine Zeit erweitert: 1907 wurde in Theben das Königsgrab Nr. 55 gefunden, mit einer Mumie, die man zunächst Echnaton selbst zuschrieb, später seinem unmittelbaren Nachfolger König Semench-ka-rē.

Von 1911 bis 1914 legte eine von der Deutschen Orient-Gesellschaft (DOG) entsandte Expedition grosse Teile der von Echnaton neu gegründeten Hauptstadt Amarna frei. Nach dem 1. Weltkrieg eignete sich die englische Egypt Exploration Society (EES) die Konzession der DOG an und führte die Ausgrabung von Amarna erfolgreich fort.

1922 entdeckte Howard Carter in Theben das Grab von König Tut-anch-amun, jenes Königs, der Echnatons neue Hauptstadt wieder verlassen hat. Über das Grab Tutanchamuns war Freud gut informiert und zwar aus dem dreibändigen Entdeckungsbericht Carters, den er in der originalen englischen Ausgabe besass.[124]

In den 20er Jahren schliesslich fanden französische Ausgräber die Reste von Echnatons Sonnentempel in der Stadt Theben, wo der König vor dem Umzug in seine neue Hauptstadt Amarna residierte.

Über all diese Funde und die daraus folgenden neuen Erkenntnisse über Echnaton stand nichts in Breasteds *Ägyptischer Geschichte* von 1905. Breasteds schwungvoll ge-

---

[122] Breasted 1933, 369.
[123] Smith 2008, 69–76.
[124] Freud's Library 2006, no. 454.

schriebenes letztes Buch, *The Dawn of Conscience* von 1933, konnte Freud für die unvollständige Kenntnis des neueren Forschungsstandes nicht entschädigen. Zwar fehlte in Freuds Bibliothek das Standardwerk jener Jahre nicht – nämlich Eduard Meyers mehrbändige Geschichte des Altertums. Aber im Katalog der Freud-Bibliothek ist eine alte Auflage verzeichnet, nicht jedoch der Band über das ägyptische Grossreich in der neuen Auflage von 1928.

Zweifelsohne war Freud archäologisch sehr belesen. 1931 prahlte er in einem an den Schriftsteller Stefan Zweig gerichteten Brief, eigentlich mehr Archäologie als Psychologie gelesen zu haben.[125] Aber wieviele archäologische Bücher er auch gelesen haben mag – so blieb er doch ein archäologischer Laie und war nicht in der Lage, die wissenschaftliche Verlässlichkeit eines ägyptologischen Buches selbständig zu beurteilen. Wohl daher zog er ein in Fachkreisen wenig geschätztes Buch des Ägyptologen Arthur Weigall über Echnaton zu Rate.[126] Freud konnte noch nicht im *Who was Who in Egyptology* nachschlagen, um sich über Weigall zu informieren. Die erste Auflage erschien 1951, zwölf Jahre nach Freuds Tod. Der Verfasser beschrieb Weigall weniger als Ägyptologen, sondern eher als Journalist und Buchautor. Über seine Tätigkeit als Ägyptologe heisst es unter anderem:[127] *Inspector-General of Antiquities in Egypt, 1905–14, in which post he showed great efficiency.* In der erweiterten zweiten Auflage ist – bei aller Anerkennung seiner Tüchtigkeit als Oberinspektor – auch die Rede von Weigalls *eccentric approach to certain philological and historical matters.*[128]

Schwer wiegt schliesslich, dass der archäologische Laie Freud weder den persönlichen Rat eines Ägyptologen noch eines Alttestamentlers eingeholt hat, als er mit dem *Mann Moses* an einem ägyptologisch-biblischen Thema arbeitete. Stattdessen tauschte er sich mit Arnold Zweig aus, der 1933 aus Deutschland emigrierte und seit 1934 in Palästina lebte. Ende Dezember 1935 berichtete Zweig voller Aufregung über eine damals in Amarna neu ausgegrabene Tontafel, die ein Verzeichnis der Schüler des Aton-Tempels enthalten würde, „mit zwei Namen, die nicht anders als Moses und Aaron gelesen werden könnten".[129]

Zwar aufs äusserste gespannt, doch voller Skepsis, teilte Freud im Antwortbrief an Zweig vorweg mit, dass ihm die angebliche Erwähnung Aarons (dem in der Bibel genannten Bruder von Moses) die Sache sehr verdächtig mache:[130] „Den meine ich, hat es nicht gegeben". Aus seiner bibelkritischen Lektüre wusste Freud, dass der Moses-Bruder Aaron bei Alttestamentlern als erfundene Gestalt galt, die nur auf dem Papier

---

[125] *prahlte?* – Wie auch immer, siehe Zweig 1987, 192.
[126] Weigall 1922. Freud 1950, 122 n. 1, zitiert zwar den englischen Titel, nennt aber 1923 als Erscheinungsjahr, was für die deutsche Ausgabe gilt: Weigall (1923). Keiner der beiden Titel ist in Freud's Library 2006 aufgelistet.
[127] Dawson 1951, 165.
[128] Dawson/Uphill 1972, 299–300.
[129] Freud 1968a, 125.
[130] Freud 1968a, 127.

existiert hat.[131] In einem drei Wochen später geschriebenen Brief erinnerte sich Freud an seine archäologische Lektüre, aus der er wusste, dass das Schülerverzeichnis eines ägyptischen Tempels unmöglich auf einem Tontäfelchen in Keilschrift stehen könne:[132] „Es müsste ein Papyrus mit Hieroglyphen sein". Zwar hat Freud bei seiner Moses-Studie laienhafte Fehler begangen, aber auf eine Zeitungsente, wie die Tontafel mit dem Namen von Moses als einem ägyptischen Tempelschüler, ist er nicht hereingefallen.

Der Einfluss von Дмитрий Мережковский auf Freud

Die Idee, in Moses einen Echnaton-Schüler zu sehen, scheint Freud einer Romanlektüre zu verdanken; eine entsprechende Äusserung findet sich in seinem Briefwechsel mit Yisrael Doryon aus dem Herbst 1938.[133] Doryon veröffentlichte ein Buch über den *Neuen Staat,* den der österreichisch-jüdische Sozialphilosoph Josef Popper-Lynkeus entworfen hatte. Freud gehörte zu den Verehrern von Popper-Lynkeus und schrieb ein Vorwort zu Doryons Buch.[134] Doryon stellte Freud auch die Frage, ob er von Popper beeinflusst war, als er in Moses einen gebürtigen Ägypter erkennen wollte. Doryon dachte an Poppers Kurzgeschichte *Der Sohn des Königs von Egypten* (1899).[135] In Poppers Geschichte ist Moses das Kind aus einer heimlichen Beziehung zwischen Pharao selbst und Jokebed, dem schönsten aller hebräischen Weiber.

Freud bezweifelte gegenüber Doryon nicht, dass er seinerzeit Poppers Erzählung gelesen hatte. Aber er verneinte Doryons Vermutung, er habe Poppers Idee von der ägyptischen Abstammung des biblischen Moses aufgegriffen: Bei ihm – Freud – wäre Moses nicht ein halber, sondern ein ganzer Ägypter und im übrigen wäre er seinerzeit, bei der Lektüre von Poppers Buch, nicht an der Frage von Moses Abstammung interessiert gewesen.

Freud schrieb auch, man könne die Behauptung, Moses sei ein Ägypter gewesen, gar nicht als seinen Einfall bezeichnen, „im Gegenteil, sie ist oftmals ausgesprochen worden, jedesmal ohne den Schatten eines Beweises. Ich habe darum in meiner kleinen Abhandlung alle diese Fälle übergangen". Als Beispiel nannte Freud *Die Grundlagen des 19. Jahrhunderts*, die bekannte Schrift des Antisemiten Houston Chamberlain.[136] In Wien las Freud noch 1937, nach der Veröffentlichung seines eigenen Aufsatzes, *Moses, ein Ägypter,* in Chamberlains Buch. Und bei dieser Lektüre – so erzählte

---

[131] So beispielsweise nach Julius Wellhausen (siehe Osswald 1962, 51), dessen Urteil für Freud vermutlich verbindlich war.
[132] Freud 1968a, 129.
[133] Freud 1987, 786–788.
[134] Freud 1987, 784–785.
[135] Josef Popper-Lynkeus, Der Sohn des Königs von Egypten, in Popper-Lynkeus 1899, 344–347.
[136] Chamberlain 1899, 417 mit Anm. 2: „Der Auszug aus Ägypten und die Eroberung Palästinas geschieht unter der Führung der Josephiten: Moses gehört zu ihnen, nicht zu Juda (wenn er nicht überhaupt ein gänzlich unsemitischer Ägypter war)". (Anm. 2): „Renan meint <il

Freud im Brief an Doryon – erinnerte er sich daran, wie er noch vor seiner Arbeit am Moses-Thema einen historischen Roman in die Hände bekommen hatte, „in dem Moses direkt als Schüler des Pharao [Echnaton], dessen Vetter er ist, dargestellt wird. Ich konnte diesen Roman, der mich vielleicht wirklich beeinflusst hat, aber nicht mehr auffinden".

Welchen Roman mag Freud gemeint haben? Meine Vermutung richtete sich auf Dmitrij Merežkovskijs Doppelroman *Tutenchamon auf Kreta* von 1924 und *Der Messias* von 1927 – Bücher, die ich vom Titel her kannte.[137] Nach einer vor zwei Jahrzehnten erteilten Auskunft des Freud-Museums in London, gehört *Der Messias* zu den aus Wien geretteten Büchern der Freudschen Bibliothek.[138] Nachdem ich die beiden Romane Wort für Wort gelesen habe, weiss ich, dass sich Freud im Brief an Doryon nicht richtig an seine Lektüre erinnerte, denn Moses ist in Merežkovskijs Romanen weder Vetter noch Schüler von Pharao Echnaton. Als einzigen männlichen Verwandten Echnatons, der gleichzeitig auch sein eifrigster Schüler ist, schildert Merežkovskij vielmehr Tutench-amon. Über Moses sagt Merežkovskij mehr beiläufig, wie dieser schon unter der Regierung von Echnatons Grossvater Thutmosis IV. das Land Ägypten mit einer kleinen Schar Hebräer verlassen hätte:[139] „In den Tagen des Königs Thutmosis IV. kam es zu einer ihrer Empörungen: eine Bande der Chabiri [Hebräer] wanderte in die Wüste, am Fuss des Sinai gelegen, aus und kam dort vor Hunger und Durst um, gemeinsam mit Mesu-Moses, ihrem Anführer".

Anders als Freud selbst sich zu erinnern meinte, war er vielleicht doch nicht von Merežkovskijs Romanen beeinflusst, als er den Auszug der Israeliten aus Ägypten in die Zeit bald nach Echnatons Tod datierte. Allerdings schrieb Merežkovskij in einem Nachwort zum *Messias*: „… der Gedanke an den religiös historischen Zusammenhang zwischen diesen beiden Erscheinungen wird jedem Menschen von selber kommen: von einem Zusammenhang zwischen König Echnaton, *der ersten Persönlichkeit in der Geschichte* … und Moses, der ersten Persönlichkeit in der Religion". Diese Stelle mag Freud „wirklich beeinflusst" und dazu gebracht haben, aus Moses einen Anhänger Echnatons zu machen, der das in Ägypten gescheiterte Werk des Königs bei den Hebräern weiterführen wollte.

Anscheinend war sich Freud der Anregung durch die Merežkovskij-Lektüre noch deutlich bewusst, als er mit der Ausarbeitung seiner Idee begann. Gegenüber Briefpartnern bezeichnete er die Moses-Studie damals als einen Roman und der zunächst vorgesehene Titel lautete:[140] *Der Mann Moses, ein historischer Roman*. Wie man sieht, schreckte Freud vor der Bezeichnung des Moses-Projektes als Roman nicht zurück,

---

faut considérer Moïse presque comme un Égyptien> (Israël I, 220); sein Name soll ägyptischen, nicht hebräischen Ursprungs sein (idem p. 160)."

[137] Mereschkowskij 1924; Mereschkowskij 1927.
[138] Freud's Library 2006, no. 2420.
[139] Mereschkowskij 1927, 163–164.
[140] Freud 1968a, 102.

wenn er auch seinen Briefpartnern nicht mitteilte, dass die Anregung aus einer Merežkovskij-Lektüre stammte.

Wenn Freud gegenüber Doryon davon sprach, wie er „einen historischen Roman in die Hände bekommen" hätte, dann klingt das nach einem Zufall. Freud war aber ein eifriger Leser von Merežkovskij. Als ich mir fernmündlich die Liste der im Freud-Museum in London vorhandenen Bücher Merežkovskijs durchgeben liess,[141] unterbrach mein Gesprächspartner die Aufzählung mit dem Ausruf, „Oh, he seems to have been very fond of Merežkovskij". Und dieser Eindruck trügt nicht, denn beispielsweise im Jahr 1907 hat Freud anlässlich einer Umfrage unter Prominenten, Merežkovskijs Roman über Leonardo da Vinci als eines von *zehn guten Büchern* empfohlen.[142] Die heutigen Fachkritiker zählen diesen Roman zur gehobenen Unterhaltungsliteratur; der Doppelroman über Tutenchamon und Echnaton gilt nicht als gelungen.

Biblische Gottesbezeichnung Adon und ägyptischer Gott Aton

Es ist nicht ehrenrührig, dass Freud seine Idee über Moses und Echnaton bei der Lektüre von Merežkovskijs Echnaton-Roman fasste. Es ist aber auch nicht zu verkennen, wie Freud in seiner Moses-Studie auf weite Strecken über romanhaftes Phantasieren nicht hinaus gekommen ist. In romanhafter Weise ging er auch der Frage nach, was wohl Pharao Echnaton als ersten Monotheisten veranlasst haben mochte, den Kult eines einzigen Gottes einzuführen.

Freud erinnerte seine Leser an den Ägyptologen Breasted, der Echnatons Idee eines einzigen Gottes als Spiegelung der damaligen Weltherrschaft der Pharaonen erklären wollte. Freud konnte sich für Breasteds Erklärung nicht erwärmen. Zwar sprach er vom unschätzbaren Wert eines tieferen Einblicks in die historischen und psychologischen Bedingungen von Echnatons Religionsschöpfung, doch sei ein solcher Einblick nicht möglich, weil zu wenig geschichtliche Nachrichten vorlägen.

Die schlechte Quellenlage hat ihn nicht von der Spekulation abgehalten, Echnaton sei vielleicht Anregungen gefolgt, „die durch Vermittlung seiner Mutter oder auf anderen Wegen – aus dem näheren oder ferneren Asien – zu ihm gelangt waren".[143] Und als Moses nach dem katastrophalen Ende von Pharao Echnaton den Hebräern den Monotheismus brachte und mit ihnen nach Asien auswanderte, da wäre „die monotheistische Idee Boomerang-artig in das Land ihrer Herkunft zurückgekommen".

---

[141] In der inzwischen publizierten Liste der in *F(reud's) L(ibrary)* erhaltenen Bücher sind folgende Werke von Merežkowskij aufgelistet; die Jahreszahlen beziehen sich auf Ausgaben in deutscher Sprache: *Alexander I.* (1913) / *Die Geheimnisse des Ostens* (1924) / *Julian Apostata* (1913) / *Leonardo da Vinci* (1903) / *Der Messias* (1927) / *Peter der Grosse und sein Sohn Alexei* (1905) / *Tolstoi und Dostojewski als Menschen und als Künstler* (1903).

[142] Gay 1989, 192.

[143] Freud 1950, 218; ähnlich Freud 1950, 119, 161.

Wann immer ich diese Aussage im Lauf der Jahre gelesen habe, stellte sich bei mir die Vermutung ein, Freud habe aus semitischem Gemeinschaftsgefühl in den Syrern die Begründer des Monotheismus sehen wollen: Wenn schon Freud mit seiner These über die ägyptische Abstammung von Moses, den Juden die Erfindung des Monotheismus absprechen musste, sollte dann wenigstens ein anderes semitisch sprechendes Volk die folgenreiche Erfindung gemacht haben? (Ist Monotheismus irgendwie besser als Polytheismus? Ist eine eng gefasste Illusion (fixe Idee) besser als eine weit gefasste?)

Eine Anregung zu dieser besonderen Phantasie Freuds bot die in Weigalls Echnaton-Buch ausgebreitete Vermutung, die von Echnatons Vorgängern angeheirateten syrischen Prinzessinnen hätten religiöse Ideen ihrer Heimat in Ägypten verbreitet, vor allem den Kult des von den Syrern hochverehrten Gottes Adonis. Weil dieser syrische Adonis nach Weigall eines gemeinsamen Ursprungs mit dem ägyptischen Sonnengott Atum war, so hätte sich eine aus Syrien stammende Königin samt ihrem Gefolge eher zum ägyptischen Sonnenkult hingezogen gefühlt als zum ägyptischen Reichsgott Amana/Amun.[144]

Mit der syrischen Königin in Ägypten ist Mut-em-wija gemeint, eine Grossmutter Echnatons, und nach einer von Weigall aufgegriffenen Vermutung eine Prinzessin aus dem syrischen Reich von Naharina-Mitanni.[145] Weigall fabelte auch über eine Herkunft von Juja, dem Vater von Echnatons Mutter Teje, aus dem mitannischen Königshaus und sah in Juja „perhaps ... the originator of the great religious movement which his daughter [Echnatons Mutter Teje] and his grandson [Echnaton] carried into execution".[146] Aber so wie zu Weigalls Zeit gibt es auch heute keine Anhaltspunkte für die Herkunft von Mutemwija, Echnatons Grossmutter (von der Seite seines Vaters) oder von Juja, seinem Grossvater mütterlicherseits aus Mitanni. Und selbst wenn Mutemwija und Juja dem Königshaus von Mitanni entstammten, so würde dies Weigalls These doch nicht fördern. Denn die Herren des Reiches von Mitanni waren keine Syrer, sondern nach Syrien eingewanderte Hurriter mit einem Anteil von Indo-Ariern und es ist nichts bekannt von der Verehrung eines Gottes namens Adonis durch die hurritisch-indoarischen Herren des Mitanni-Reiches.[147]

Freud dagegen zitierte folgsam den Satz Weigalls:[148] „Der Gott Atum, der Re als die untergehende Sonne bezeichnete, war vielleicht gleichen Ursprungs wie der in Nordsyrien allgemein verehrte Aton".[149] Mit dem syrischen Gott, dessen Namen er frech

---

[144] Weigall 1922, 19.
[145] Die Vermutung geht zurück auf Erman 1890, 112.
[146] Weigall 1922, 28.
[147] Zu den Indo-Ariern in Alt-Syrien siehe Mayrhofer 1966.
[148] Freud 1950, 123; siehe Weigall 1922, 19.
[149] Weigall 1922, 19: „The god Atum, the aspect of Ra as the setting sun, was, as has been said, probably of common origin with Aton, who was largely worshipped in North Syria; ... ". – Vielleicht (!?) ist Aton in diesem Zitat ein Druckfehler für Adon, denn auch nach Weigall war es letzterer der in Nordsyrien verehrt wurde und nicht Aton. Der Rückverweis (as has

Aton umschrieben hat – wie den Namen von Echnatons Sonnengott – meinte Weigall den Adonis. Freud selbst hatte Adonis in seinem 1912 veröffentlichten Buch *Totem und Tabu* aus psychoanalytischer Sicht als einen jugendlichen Gott beschrieben, der die Liebesgunst der mütterlichen Göttin Aphrodite genoss. Nach Freud war es ein Vatergott, der den Mutterinzest strafte und den Adonis in Gestalt eines Ebers tötete.[150]

Über den Adonis-Kult gibt es aus älteren Zeiten überhaupt keine Nachrichten. Erst im 2. Jahrhundert nach Christus – weit über ein Jahrtausend nach Echnaton – schilderte ein lateinischer Schriftsteller namens Lukian den Adonis-Kult in einer Schrift, die man heute *De Dea Syria* nennt:[151] „Ich sah weiter in Byblos ein grosses Heiligtum der byblischen Aphrodite, in dem sie auch die Orgien für Adonis begehen; ich lernte sie ebenfalls kennen. Sie erzählen nämlich, die Geschichte mit Adonis und dem Eber habe sich in ihrem Lande zugetragen, und zur Erinnerung an das Unglück schlagen sie sich jedes Jahr die Brust, klagen und begehen die Orgien, und im ganzen Lande finden bei ihnen grosse Trauerfeiern statt. Wenn sie sich aber genug geschlagen und genug geklagt haben, opfern sie zuerst dem Adonis als einem Toten; nachher aber, am andern Tage, erzählen sie, dass er lebe, schicken ihn in die Luft[152] und scheren sich den Kopf, wie die Ägypter nach dem Tode eines Apis[-Stiers]."

Vermutlich war Freud nicht nur über Grundzüge, sondern auch über Details der Adonis-Geschichte informiert. Zwar tauchen Lukian selbst oder *De Dea Syria* im Namen- und Autoren-Register in Freud 1968c nicht auf, doch stand in Freuds Bibliothek beispielsweise Frazers *Golden Bough* mit zwei Bänden über Adonis.[153] Es ist daher unverständlich, wie er Weigall folgen und eine Verwandtschaft zwischen den ägyptischen Göttern Aton und Atum einerseits, und dem syrischen Gott Adonis andererseits in Betracht ziehen konnte.

Vielleicht existierte bereits zu Echnatons Zeit ein Vorläufer des Adonis-Kultes. Rund anderthalb Jahrtausende später schrieb Lukian:[154] „Es gibt aber einige Byblier, die behaupten, bei ihnen sei der ägyptische Osiris begraben, und die Trauerfeiern und Orgien würden nicht für Adonis, sondern alle würden für Osiris gehalten." Also gab es eine Verbindung zwischen dem syrischen Adonis und dem ägyptischen Osiris, der aber seinerseits mit dem ägyptischen Sonnengott nichts zu tun hatte.

Was man dem philologisch unbelehrten Freud nicht zur Last legen kann, ist die fehlende Einsicht in die sprachliche Sinnlosigkeit von Weigalls Aufstellungen über die Namen Atum, Aton und Adonis. Der Name des Gottes Ἄδωνις/Adonis ist nichts anderes

---

been said), kann sich nur auf Weigall 1922, 12, beziehen: „Atum, a word probably connected with the Syrian Adon, *Lord*, better known to us in its Greek translation *Adonis*." Siehe auch Weigall 1922, 32, wo der syrische Gott Adonis und das alte ägyptische Wort Aton *for the actual disc of the sun* zwei verschiedene Dinge sind.

[150] Freud 1940, 183–184.
[151] Clemen 1938, 8.
[152] Clemen 1938, 8 Anm 2: „Statt τόν ἠέρα liest Jacobs τὴν ἠϊόνα, d.h. das Meeresufer."
[153] Frazer 1907 (Freud's Library 2006, no. 937).
[154] Clemen 1938, 8.

als die griechische/lateinische Form des semitischen Wortes Adon = Herr, was mit den ägyptischen Götternamen Atum und Aton nichts zu tun hat. Der Name von Echnatons Sonnengott Aton ist schon Jahrhunderte vor Echnaton als ägyptisches Wort für die Sonnenscheibe bezeugt und bedeutet ursprünglich nichts anderes als *scheibenförmiger Gegenstand*. In diesem Sinn erklärte Breasted *Aton* beiläufig als „an ancient name for the physical sun, and probably designating his [the Sun-god's] disk."[155] Im übrigen ist der Vokal o in *Aton* künstlich, nämlich modern ägyptologisch, während in Echnatons Zeit die Vokale a, i und u in Frage kommen. Älter als der Name *Aton* ist der Name des Sonnengottes Atum, der in aller Regel die abendliche, untergehende Sonne bezeichnet, im Gegensatz zu Rē als morgendliche Sonne:[156]

> (Mais) Ré se lève (chaque) matin et Atoum se couche à l'occident (m3nw).
> oder: Rē zeigt sich am frühen Morgen, Atum geht zur Ruhe in Manu (mythischer Westberg).

Der Name Atum ist von einem Zeitwort abgeleitet, das die ägyptische Sprache für Verneinungen benutzt. Der ägyptische Gottesname Atum hat mit dem semitischen Wort Adon = Herr so wenig zu schaffen, wie ägyptisches Aton = (Sonnen-) Scheibe. Das ist die Situation aus religions- und sprachwissenschaftlicher Sicht: Von einer Verwandtschaft des ägyptischen *Atin/*Atun/*Atan mit dem syrischen Adon kann keine Rede sein.

Mit der Vermutung, im jüdischen Glaubensbekenntnis *Schema Jisrael ... Höre Israel ...* [5. Mose 6, 4] könnte eine Anspielung auf den Gottesnamen Aton zu finden sein, ging Freud über Weigall hinaus:[157] „Wenn der Name des ägyptischen Aton (oder Atum) nicht nur zufällig an das hebräische Wort Adonai und den syrischen Gottesnamen Adonis anklingt, sondern infolge urzeitlicher Sprach- und Sinngemeinschaft, so könnte man jene jüdische Formel übersetzen: *Höre Israel, unser Gott Aton (Adonai) ist ein einziger Gott*. Ich bin leider völlig inkompetent, um diese Frage zu beantworten, konnte auch nur wenig darüber in der Literatur finden, aber wahrscheinlich darf man es sich nicht so leicht machen".

Freud war im allgemeinen über sprachgeschichtliche Dinge schlecht informiert und daher überrascht es nicht, dass er in seinem Moses-Buch auch das Wenige und Falsche beiseite schob, was er über das hebräische Adonai wusste. Es schmerzt mich zu sehen,[158] wie der von mir geschätzte und verehrte Sigmund Freud sich eine solche Blöße laienhafter Spekulation gibt und dies im Anschluss an den nicht zuverlässigen Ägyptologen Weigall, dem Freud glaubte vertrauen zu dürfen. Eine einzige Anfrage Freuds bei einem Ägyptologen hätte ihm die wissenschaftliche Unhaltbarkeit der Weigallschen

---

[155] Breasted 1933, 278.
[156] Hari 1985, 38, PL. XXVI.
[157] Freud 1950, 123–124.
[158] Freuds Fehler schmerzten mich damals, jetzt aber – *vingt ans après* – schmerzen sie nicht mehr.

Ideen, von einer Beeinflussung Echnatons aus Syrien und einer Verwandtschaft des ägyptischen Sonnengottes Aton mit dem syrischen Gott Adonis, klar machen können. Beispielsweise schrieb der Ägyptologe Heinrich Schäfer in einem 1918 erschienenen Artikel über die Echnaton-Zeit:[159] „In dem obigen Aufsatz habe ich das Buch von Weigall, The Life and Times of Akhnaton, London 1910, ganz ausser acht gelassen, in Erinnerung an seinen stark romanhaften Grundzug. Nun ich es aber wieder in die Hand nehme, sehe ich, dass es doch wenigstens der Erwähnung wert gewesen wäre. ... Warnend bemerkt sei, dass für Weigall Aton dasselbe ist wie das syrische adon."

Schäfer wird nicht gewusst haben, dass Weigall in dem Pionier-Ägyptologen John Gardner Wilkinson (1797-1875) einen Vorläufer hatte. In Wilkinsons 1850 erschienenen Buch über die ägyptische Architektur steht eine Passage über die Echnaton-Zeit und den Gott Aton, welchen Namen er als Atin oder Atin-re (< Sonnengott Rē & Aton) umschrieb. Wilkinson hielt Echnaton und seine unmittelbaren Nachfolger für asiatische Fremdherrscher:[160] „a new worship was introduced into the country. This favourite deity of the Stranger kings was Atin-re; and he was perhaps selected by them out of the Egyptian Pantheon, from his name being most like that of a god of their own country. For, as these strangers were Asiatics, they may have traced in *Atin* their word *Adonai*." Letzteres erklärte Wilkinson als „Our Lord, whence the name of Adonis." Vermutlich gehen Weigalls Ideen über Aton und Adonis direkt oder indirekt auf Wilkinson zurück.

Als Freud am *Mann Moses* arbeitete, wusste er sehr wohl, dass im hebräischen Text von *Höre Israel* statt Adonai, der persönliche Gottesname Jahweh geschrieben steht, die Juden aber seit langer Zeit *Adonai* (mein Herr) anstelle von Jahweh lesen, um den heiligen Gottesnamen nicht aussprechen zu müssen. Jahrzehnte früher veröffentlichte er eine Notiz über die Ersetzung eines Namens durch die Vokalfolge eines anderen Namens. In einem Buch des Archäologen Salomon Reinach hatte Freud unter der Überschrift *Quelques observations sur le Tabou* gelesen:[161] „... les juifs ont conclu de là [Levitikus 24,16] que le nom de Jéhovah ne devait être ni prononcé, ni même écrit, si bien qu'on ignore aujourd'hui même comment le groupe de quatre lettres יהוה doit être vocalisé. La vocalisation ordinaire, יְהֹוָה = Jehovah, est conventionelle, les points-voyelles étant ceux de אֲדֹנָי = Adonaî, signifiant *Seigneur*, qu'on substitue, en lisant, au groupe de quatre lettres (le tétragrammaton des Grecs)." Statt auf Lev 24, 16 hätte Reinach besser auf Ex 20, 7 als Quelle des Verbotes verwiesen. Und er hätte wissen können, dass aus kirchenväterlichen Schreibungen wie Ἰαβε und Ἰαουαι die Aussprache Jahweh folgt, worüber sich die (christlichen) Philologen damals seit Jahrzehnten

---

[159] Schäfer 1918, 41.
[160] Wilkinson 1850, 122–123. – Das Buch gab es zwar in der Berliner Staatsbibliothek, nicht aber in der Bibliothek des Berliner Ägyptischen Museums, wo Schäfer arbeitete.
[161] Reinach 1905, 1.

einig waren.¹⁶² Seinerseits hat Freud Reinachs Angaben nicht richtig wiedergegeben:¹⁶³ „Bei den alten Hebräern war der Name Gottes *tabu*; er sollte weder ausgesprochen noch niedergeschrieben werden. ... Dies Verbot wurde so gut eingehalten, dass die Vokalisation der vier Buchstaben des Gottesnamens יהוה auch heute unbekannt ist. Der Name wird Jehovah ausgesprochen, indem man ihm die Vokalzeichen des nicht verbotenen Namens Adonai (Herr) verleiht." Unwissende Christen, nicht Juden, haben *Jehovah* gesagt.¹⁶⁴ Freuds halbherziger Ansatz, die Gottesbezeichnung Adonai in der Bekenntnisformel *Höre Israel* auf Echnatons Aton zurückzuführen, ist unüberlegt: er hat nicht berücksichtigt, dass der originale Text auf JHWH lautet, nicht auf Adonai.

Das Tabu, den Namen des biblischen Gottes auszusprechen, besteht für Juden immer noch, wie ich den sich hin und her windenden Ausführungen von Phina Navè Levinson, *Einführung in die rabbinische Theologie* (Darmstadt 1982) 29, entnehme. Und im Internet finde ich die Information, dass vokalisierte Formen von JHWH aus Respekt vor der jüdisch-christlichen Tradition in der katholischen Liturgie nicht benutzt werden sollen. Kardinal Francis Arinze und Erzbschof Malcolm Ranjith, von der vatikanischen Kongregation für Gottesdienst und Sakramentenordnung, unterrichteten am 29. 6. 2008 die katholischen Bischofskonferenzen aller Welt über entsprechende *Direktiven zum Gebrauch des Gottesnamens in der Liturgie*. Möge der interessierte Leser die bibliographischen Angaben selber finden.

Und was einem Gott recht ist, kann einem Teufel nur billig sein: im 16. Jahrhundert AD soll Isaak Luria die Sitte eingeführt haben den Namen von *Sammael*, dem obersten dämonischen Widersacher von JHWH, nicht auszusprechen. In diesem Sinn nennt man Sammael *Samech Mem*, wie die Namen der hebräischen Buchstaben ס/s und מ/m lauten.¹⁶⁵

Freuds Irrtum über Echnatons Jenseitsvorstellungen

Aus seiner ägyptologischen Lektüre bildete sich Freud die Auffassung, es habe in Echnatons Religion, so wie auch in der altjüdisch-mosaischen Religion, keinen Jenseitsglauben gegeben. In dieser Übereinstimmung zwischen Echnatons Religion und dem altjüdischen Glauben, wollte Freud das *starke Argument* zugunsten einer geschichtlichen Abhängigkeit der biblischen Religion von der Aton-Religion sehen. Freud ging davon aus, dass „die altjüdische Religion ... auf die Unsterblichkeit voll verzichtet (hat); der Möglichkeit einer Fortsetzung der Existenz nach dem Tode wird nirgends und niemals Erwähnung getan. Und dies ist um so merkwürdiger, als ja spätere Erfahrungen

---

¹⁶² Eissfeldt 1959, 515–516.
¹⁶³ Freud 1945, 348.
¹⁶⁴ Jenni 1981, 50.
¹⁶⁵ Dan 1998, 257–258.

gezeigt haben, dass der Glaube an ein jenseitiges Dasein mit einer monotheistischen Religion sehr gut vereinbart werden kann."[166]

Sollte Freud den rabbinisch-jüdischen Auferstehungsglauben nicht gekannt oder vergessen haben? Vermutlich zielte seine Aussage auf jene Juden älterer Zeit, die allein die Fünf Bücher Moses gelten liessen. Leser des Neuen Testamentes kennen die Meinungsverschiedenheiten zwischen rechtgläubigen Sadduzäern und abweichlerischen Pharisäern über die künftige Auferstehung der Toten. Nach dem katastrophalen Ende des jüdischen Aufstandes im Jahr 70 nach Christus sind die Sadduzäer aus der Geschichte verschwunden. Die pharisäische Richtung blieb übrig und ihr verdanken die mittelalterlichen und neuzeitlichen Juden den Glauben an die Auferstehung der Toten. Aber in jenen Fünf Büchern, deren Verfasser Moses sein soll, steht tatsächlich kein Wort über eine künftige Auferstehung von den Toten. Das hat die Rabbinen nicht davon abgehalten den heiligen Texten die Auferstehung zu unterstellen. In seiner Dissertation schreibt der Theologe Otto Schwankl:[167] „ ... die Aussage der Totenauferstehung wird nicht eigentlich aus den Texten [der Tora; 5 Bücher Moses] gewonnen; sie steht vielmehr als Dogma für die Rabbinen fest und wird nun mit allerhand Kunstgriffen in der Schrift *untergebracht*."

Schwankl gehört zum katholischen Establishment; was so ein Mann schreibt, darauf ist theologisch Verlass. Verlass ist auch auf seine Andeutungen, dass fremde Einflüsse auf den jüdischen Auferstehungsglauben „grundsätzlich nicht nur möglich, sondern wahrscheinlich" sind. Um welche Einflüsse es sich dabei handelt, verrät der Verfasser seinen Lesern nicht. Er ziert sich zu sagen, dass es die Perser sind – genauer: die zoroastrischen Perser – denen Juden, Christen und Moslem den Auferstehungs-Glauben verdanken (Schwankl, 145, 171).

Bei seiner Auffassung von Echnatons Jenseitsglauben folgte Freud den missverständlichen Andeutungen Breasteds. Hätte Breasted mitgeteilt, was den Ägyptologen damals bekannt war, wäre Freud um ein scheinbares Argument ärmer gewesen. Was aber sollte Freud denken, wenn er bei Breasted las:[168] „Ikhnaton is also deeply impressed by the eternal duration of his god; and although he himself calmly accepts his own mortality, and early in his career at Amarna makes public and permanently records on the boundary stelae instructions for his own burial, nevertheless he relies upon his intimate relation with Aton to insure him something of the Sun-god's duration. His official titulary always contains the epithet after his name, *whose lifetime is long*." Sollte *the calm acceptance of his own mortality* bedeuten, dass nach dem Glauben des Königs mit dem Tod für ihn alles zu Ende wäre?

Direkt in die Irre führte Breasted seine Leser mit Äusserungen über die bei den Ägyptern althergebrachten Uschebti-Figuren, die auch in Amarna in Gebrauch waren. In einer Publikation über Uschebti im allgemeinen nennen Liliane und Jacques-François

---

[166] Freud 1950, 117.
[167] Schwankl 1987, 283.
[168] Breasted 1933. 290.

Aubert die in den 1970er Jahren bekannten rund 10 Uschebtis von Privatleuten der Amarnazeit.[169] Hans D. Schneider hat in einer umfassenden Arbeit über Uschebti 13 Amarna-Exemplare aufgelistet.[170] Vor und nach der Zeit Echnatons schrieb man auf diese Figürchen folgenden Text: „O Uschebti, wenn ich (der Besitzer des Uschebti) im Totenreich aufgerufen werde, irgendeine Arbeit zu leisten, dann sollst du (Uschebti) sagen: *Ich will es tun, hier bin ich.*" Wie Breasted seinen Lesern zu verstehen gab, würden die Uschebtis der Echnaton-Anhänger nicht den traditionellen Spruch tragen, sondern lediglich „a simple prayer, in the name of the Aton, for long life, favour and food".[171] Ein unbefangener Leser muss meinen, die schlichten Wünsche würden sich auf das diesseitige Leben beziehen und hätten mit dem Jenseits nichts zu tun.

Von Echnatons eigener Grabausstattung sind zahlreiche Uschebti bekannt, alle zerschlagen, denn Echnatons Grabausstattung wurde gründlich zerstört. Eine von Geoffrey Thorndike Martin um 1970 kompilierte Liste enthält 215 Fragmente von denen sage und schreibe zwei Stück zusammen gehören.[172] In den Händen halten die Figürchen die Hieroglyphe für Leben. Die Texte nennen in der Regel nur Namen und Titel des Königs, gelegentlich mit dem Zusatz *gerechtfertigt*.[173] Was mag sich Echnaton von seinen Uschebti versprochen haben? Oder war seine Witwe Nofretete für die Grabausstattung einschliesslich Uschebti verantwortlich?

Abb. 4: Uschebti einer *Gelobten Echnatons*, namens *Ipy*; nach N. N. 1929, no. 376.

---

[169] Aubert/Aubert 1974, 53–57.
[170] Schneider 1977, 289–292.
[171] Breasted 1933, 301. Direkt bezieht sich das Zitat auf die sogenannten Herzskarabäen, indirekt auf Uschebtis: „The familiar heart scarab now no longer bears a charm to still the accusing voice of the conscience, but a simple prayer .... The same was true for the Uschebti figures ...". Murnane 1995, 199 no. 90-D, zitierte einen Herzskarabäus aus der Amarnazeit: Berlin ÄGM 15099.
[172] Martin 1974, 37–74, Pl. 25–48.
[173] Martin 1974, Nos. 170 & 172.

Das Uschebti von Abb. 4 gehörte einer Frau namens Ipy, einer *wahren Gelobten* von Echnaton. Der heutige Verbleib des Objektes ist unbekannt.[174] Die Figur ist mumienförmig; die Hände stecken in der Mumien-Umwicklung. Etienne Drioton veröffentlichte und übersetzte eine korrigierte Abschrift des *Ipy*-Textes.[175] Am Textende steht der übliche Uschebti-Spruch als Anrede an das Uschebti selbst: „Ô ce corvéable, si tu es recensé, si tu es appelé, si tu es décompté, «Je le fais, me voici», diras-tu." Aber am Anfang steht die Aufforderung: „Respire les doux souffles du vent du nord, qui sortent du ciel sur la main du Disque vivant! [176] ... Tes chairs ne se corrompent pas. Tu accompagneras le Disque lorsqui'il se lèvera le matin jusqu'au moment où il se couchera en vie. De l'eau sera à ton coeur, du pain sera à ton ventre, un vêtement vêtira ton corps." Schneider bezeichnet letzteren Textabschnitt als Aton-Formel für die er fünf Beispiele aufführt. Hätte Breasted in seinem Buch die Aton-Formel mitgeteilt, wäre Freud nicht auf die irrige Meinung verfallen, die Aton-Verehrer hätten keine Jenseitsvorstellungen gekannt.

Eine ausführliche Schilderung des Jenseitsglaubens der Aton-Verehrer konnte Freud in Weigalls Buch über Echnaton finden. Weigall verbreitete sich auf neun Seiten über die „geistigen und leiblichen Bedürfnisse" eines Aton-Verehrers nach dem Tod.[177] Freud selbst zitierte zwar Weigalls einleitende Worte über Echnatons Ablehnung des traditionellen Jenseitskultes:[178] „... Djins, bogies, spirits, monsters, demigods and Osiris himself with all his court, were swept into the blaze and reduced to ashes". Aber was wir bei Freud vergeblich suchen, sind die unmittelbar anschliessenden Sätze Weigalls:[179] „Akhnaton believed that when a man died his soul continued to exist as a kind of astral, immaterial ghost, sometimes resting in the dreamy halls of heaven, and sometimes visiting, in shadowy form, the haunts of the earthly life." – Oder wie Hermann Kees den Weigallschen Text übersetzte:[180] „Echnaton glaubte, dass die Seele eines Menschen nach seinem Tode als eine Art astraler, stoffloser Geist weiterlebte, der teils in den dämmerigen Hallen des Himmels wohnte und teils in schattenhafter Form die Stätten des irdischen Lebens besuchte."

Nach den Originaltexten aus Amarna verwandelt sich ein Toter in eine *lebende Seele*, die nach Wunsch im Grab ein- und ausgeht. „Morgens", so heisst es in einem

---

[174] Aubert/Aubert 1974, 54: passée de la collection Omar Pacha à celle du Roi Farouk, puis repartie vers l'inconnu.
[175] Drioton 1943, 17.
[176] My dead friend Bill Murnane translated this line: „May you go forth into the sky on the arm of the living Aten.", siehe Murnane 1995, 182, no. 81. Im Kontext ist Bills Übersetzung nicht richtig.
[177] Weigall 1922, 120–128.
[178] Freud 1950, 122 n. 1.
[179] Weigall 1922, 121.
[180] Weigall 1923, 79.

Text, „wäschst du dich und legst Kleider an, in der Art als du auf Erden warst".[181] Die *lebende Seele* folgt der aufgegangenen Sonne in den Opferhof des Aton-Tempels in der Stadt Amarna, wo sie von den Opferspeisen- und Getränken essen und trinken darf. Spätestens bei Sonnenuntergang kehrt die *lebende Seele* in ihr Grab zurück, um dort die Nacht zu verbringen. Und das war es, was Echnatons *Gelobte* Ipy gemeint hat, als sie ihre Uschebti-Figur mit dem Wunsch beschriften liess, sie möge die Sonnenscheibe zwischen Aufgang und Untergang begleiten.

Es handelt sich hier um das Jenseits, das auf Echnatons *Gelobte* in Amarna wartete. Und die anderen Untertanen Echnatons? Sollten die Seelen der Toten täglich von den Enden Ägyptens nach Amarna fliegen und dort an den Totenspeisungen im Sonnentempel teilnehmen? Ausserhalb von Amarna mussten sich die Untertanen Echnatons wie bisher darauf verlassen, dass die Lebenden ihre Toten nicht vergessen und an den Gräbern ausreichend Opfer spenden würden. Und vielleicht erhofften sich Echnatons Untertanen, die ausserhalb von Amarna wohnten, für die Ewigkeit ein Plätzchen im Reich des Totengottes Osiris.

Wenn schon Breasted seinen Leser Freud auf eine falsche Fährte setzte, so hätte man erwarten sollen, dass Freud Weigalls Darstellung von Echnatons Jenseitslehre zur Kenntnis nahm. Entgegen dieser Erwartung hat Freud so getan, als gäbe es überhaupt keinen Jenseitsglauben der Aton-Verehrer. Gewiss würde Freud selbst der Erklärung zustimmen, er habe die Schilderungen Weigalls aus einem durchsichtigen Motiv verdrängt. Denn ohne diese Verdrängung hätte er kein *starkes Argument* für die Ableitung des mosaischen Glaubens aus der Aton-Religion in der Hand gehabt.

König Echnaton zwischen den Göttern Aton und Amana/Amun

Freud führte sich selbst an der Nase herum als er die biblisch-mosaische Vorstellung vom menschlichen Todesschicksal aus Echnatons Vorstellungen über Leben und Tod ableiten wollte. Wie aber steht es mit der vielgerühmten Eingottreligion Echnatons als vermeintlichem Kern von Moses Botschaft an die Juden? Kein Ägyptologe zweifelt an der besonderen Verehrung des Sonnengottes durch Echnaton, noch an der allgemeinen und ausnahmslosen Verfolgung des grossen ägyptischen Gottes Amana durch den gleichen Echnaton. Liegt aber in der Verfolgung des einen grossen Gottes, und der besonderen Verehrung eines anderen grossen Gottes, ein schlüssiger Beweis für den Eingottglauben Echnatons?

Aton war eine Form des in Ägypten schon über ein Jahrtausend vor Ech-n-aton unter den Namen Rīʿa und Jatāma verehrten Sonnengottes, dessen Namen man in späteren Zeiten Rēʿ und Atūm aussprach. Auch die Aussprache des Gottesnamens Amana veränderte sich im Lauf der Zeit; lange nach Echnaton sagte man Amun oder Amon. Echnaton verehrte den Sonnengott zunächst in traditioneller Falkengestalt, wie Abb. 5

---

[181] Inschrift im Grab von Tutu, siehe Drioton 1943, 20; Murnane 1995, 188; Davies 1908b, 32, Pl. XIV, N.

zeigt.[182] Der Ausschnitt aus einem Relief enthält die Hälften von zwei Szenen: Rechts Echnaton (1) bei einem Opfer; links der falkenköpfige Sonnengott (2). Der Sonnengott trägt über seinem Falkenkopf eine grosse Sonnenscheibe, um die sich eine schützende Kobra ringelt; vorne sieht man den aufgeblähten Halsschild und den Kopf der Schlange, hinten sieht man ihren Schwanz herunter hängen (der Schlangenleib zwischen Kopf und Schwanz ist wie meist nicht dargestellt; in detaillierten Reliefs liegt der Schlangenleib als dicker Wulst um den Rand der Sonnenscheibe). Es handelt sich um eine Speikobra, die vor Feinden schützt, wenn man sie dazu bringen kann Freund und Feind zu unterscheiden.

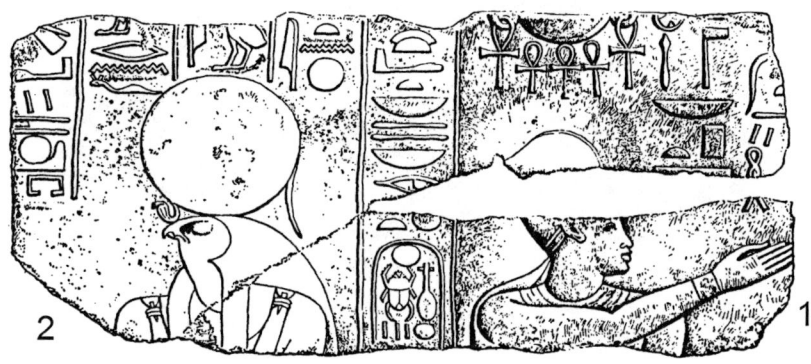

Abb. 5: Reliefblock ÄGM Berlin 2076; nach Schäfer 1919/20, Fig. 52

Aus dem Jahrtausend pharaonischer Geschichte vor Echnaton kennen die Ägyptologen die göttliche Kobra als Partnerin des Sonnengottes, die ihren Herrn mit ihrem Gift schützt.[183] Griechen und Römer kannten die königliche Schutzkobra als Uräus; die Ägyptologen nennen sie Uto. Auch das traditionelle Bild des Sonnengottes als Mann mit Falkenkopf, war zu Echnatons Zeit bereits ein Jahrtausend alt. Vom Ursprung her war der ägyptische Sonnengott kein Falke. Die Falkengestalt ist vom älteren Königsgott Horus übernommen den man sich zu allen Zeiten als Falke dachte. Abb. 6 zeigt ein Relief von einem Balustraden-Block: Echnaton, seine Hauptgemahlin Nofretete und die älteste Prinzessin opfern dem Strahlen-Aton. Die Sonnenscheibe mit nach unten ausfächernden Strahlen ist eine neuartige Darstellung, die Echnaton in seinen frühen Jahren einführte. Ganz neuartig sind die Strahlenarme des Sonnengottes nicht, denn aus älterer Zeit gibt es die Beschreibung des Sonnengottes als *der eine Einsame mit den vielen Armen*:[184] Vermutlich sassen Hände an den Armen – oder vielleicht nicht?

---

[182] Schäfer 1919/20, 158–163.
[183] Bonnet 1952, 845.
[184] Hornung 1971, 75.

Abb. 6: Fragment von einer Balustrade, nach Krauss 1986, Abb. 33

Der König steht im Strahlenfächer, die Königin am Rand, die Prinzessin ausserhalb; die abgestuften Grössen der drei Personen entsprechen ihrem Rang. Der Gott empfängt Opfergaben, hier Wein (1) und Blumen (2), in anderen Fällen beispielsweise brandgeopferte Enten oder Weihrauchspenden. Die Sonnenstrahlen enden in menschlichen Händen (3), bestehend aus Handteller und vier Fingern denen ein Daumen gegenübersteht; die Hände können zu Fäusten geschlossen sein. Rechte Strahlenhände sitzen an den Strahlen die von der rechten Seite ausgehen, entsprechendes gilt für die linke Seite, so als ob die Sonnenscheibe ein rechts-links-symmetrischer Körper wäre. Die Strahlenhände halten dem König und der Königin die Hieroglyphe für Leben an die Nase.[185] Andere Strahlenhände greifen nach den Opfergaben und segnen gleichsam die Königin oder fassen den Körper des Königs an. Rechte und linke Hände, deren Geben und Nehmen, statten die Darstellung des Gottes mit teilweise menschenförmigen (anthropomorphen) Zügen aus. Wie ein auf Speis und Trank angewiesenes Lebewesen nimmt der Sonnengott entsprechende Opfergaben an.

Echnaton trägt in Abb. 6 die einem König vorbehaltene *Weisse Krone*. Die Königin teilt das Vorrecht des Königs, am Stirnband eine schützende Kobra zu tragen; in der Wirklichkeit handelt es sich um eine am Stirnband befestigte Metallschlange. Auch an der Sonnenscheibe erkennt man eine Kobra und zwar den von vorne gesehenen Kopf und den aufgeblähten Halsschild; um den Schlangenhals hängt die Hieroglyphe für Leben. Die von Echnatons Monotheismus überzeugten Ägyptologen erklären die Kobra an der Sonnenscheibe nicht als theriomorphe (tierförmige) Gottheit, sondern als Herrschersymbol in dem man keinesfalls eine selbständige göttliche Person sehen darf.[186] Wenn aber Echnaton kein Monotheist war, dann kann man die Kobra an der Aton-Scheibe als die altbekannte Schlangengöttin Uto erklären, die zur traditionellen Darstellung des Sonnengottes gehört.[187] Als ob sie blind wären, behaupten Ägyptologen dem Strahlen-Aton würden anthropo- und theriomorphe Elemente fehlen. Enden die Strahlenarme nicht in menschlichen Händen? Ist eine Kobra kein Tier?

In Texten der Echnaton-Zeit finden sich keine Aussagen über die Kobra an der Sonnenscheibe oder an den Diademen von König und Königin. Aber vielleicht gibt es archäologische Hinweise: Die Ausgräber haben in Amarna mehrere Dutzend Kobra-Figuren aus Ton gefunden. In den letzten Jahren hat Kasia Szpakowska über 200 solcher Figuren oder Fragmente davon gesammelt; anscheinend kommen sie zuerst in Amarna vor, später in der Ramessidenzeit sind sie geographisch weit verbreitet.[188] In einigen Fällen stand vor der Schlange ein Opferständer, also verehrte man die Kobras und opferte ihnen. Da die Figuren von keinen Inschriften begleitet sind, kann man nicht sicher sein, dass die gleiche Kobra gemeint ist, die man an der Sonnenscheibe sieht.[189]

---
[185] Siehe Krauss 1991, 14–15, zu Lebenszeichen für je ein Nasenloch bei König und Königin.
[186] Bonnet 1952, 67.
[187] Cannuyer 2002, 72 n. 208.
[188] Szpakowska 2003, 113–122; eadem 2012, 27–46.
[189] Stevens 2006, 50–51, 100–103, 292–293.

Der Reliefblock von Abb. 5 stammt aus dem Tempel den Echnaton zu Beginn seiner Regierung in der Hauptstadt Theben errichtete. Einen Steinwurf vom neuen Sonnentempel entfernt lag der Tempel des Amana, jenes anderen grossen Gottes, den der König schliesslich verfolgte und vernichtete. Lokale Herrscher haben den Kult des Amana in Theben gegründet, weit über ein halbes Jahrtausend vor Echnaton. Von Anfang an verknüpfte man den thebanischen Amana mit dem Sonnengott Rē. Die älteste aus Theben erhaltene Inschrift, die Amana nennt, kennt ihn bereits als *Rīʿa-Amana, Herr des Himmels, mächtig auf der Erde*.[190]

Spätere Könige, die ganz Ägypten kontrollierten, beförderten den thebanischen Stadtgott Amana zu einer Art Reichsgott.[191] Der Sonnengott Rē blieb als Weltschöpfer eine Art oberster Gott, aber schon über ein halbes Jahrtausend vor Echnaton ist in einer Inschrift von König Sesostris I. die Rede von *Amana-Rīʿa-an-der-Spitze-der-Götter*.[192] Vor Echnaton hat vermutlich niemand an einer Mischform aus Amana und Rīʿa mit dem Namen *Amana Rīʿa-Götterkönig* Anstoss genommen.

Beim Tempel des Amana in Theben handelte es sich um einen Gebäudekomplex, der bei Echnatons Regierungsantritt eine Fläche von zwei Hektar überdeckte. Anscheinend ging hier der Kultbetrieb mehrere Jahre unbehelligt vonstatten, während Echnaton nebenan den Sonnengott verehrte. Es kann keine Rede davon sein, dass der König sich damals ausschliesslich auf den Sonnengott als Gott kaprizierte, denn wie die erhaltenen Inschriften lehren, liess er aus den anderen Göttertempeln Ägyptens Abgaben in seinen Sonnentempel schicken: Echnaton anerkannte die Kulte der anderen Götter Ägyptens, aber er ordnete sie dem Kult des Sonnengottes unter.[193]

In den ersten Monaten seines 5. Regierungsjahres gründete der König die neue Stadt *Horizont-des-Aton* (Achet-Aton), 430 Nil-Kilometer nördlich von Theben und 300 Nil-Kilometer südlich vom heutigen Kairo gelegen; modern hat sich dafür der Name Amarna eingebürgert. Laut Gründungsinschriften ging es dem König darum, eine Kultstätte einzig und allein für den Aton zu schaffen. Aus dieser Absicht folgt jedoch nicht, dass in der damaligen Vorstellungswelt Echnatons nur der eine Gott Aton existierte, denn der König selbst spricht in den Gründungsinschriften von anderen Gottheiten. Als wichtigen Grund für die Ortswahl führte Echnaton an, es habe sich bei dem Stadtgelände nicht gehandelt[194] „um den Besitz eines Gottes, nicht um den Besitz einer Göttin, nicht um den Besitz eines Fürsten, nicht um den Besitz einer Fürstin, nicht um den Besitz von irgendwelchen Leuten, die irgendetwas damit zu tun hatten". Offensichtlich rechnete Echnaton bei der Stadtgründung mit der Existenz von anderen Gottheiten – weiblichen und männlichen – neben Aton und wollte auf ihre allfälligen Rechtsansprüche Rücksicht nehmen. Unter diesen Umständen bedeutete die Gründung von Amarna

---

[190] Gabolde 2014, 25; siehe jetzt ausführlich Gabolde 2018.
[191] Guermeur 2005, 542–549.
[192] Gabolde 2014, 34–35.
[193] Traunecker 2005, 145–182.
[194] Murnane 1995, 75.

als exklusive Kultstätte für den Aton, dass die ägyptischen Gottheiten, die anderswo zuhause waren, dort keine Opfer erhielten.

Echnatons Angriff auf den Gott Amana, seine Partnerinnen Amunet und Mut sowie die Göttin Nechbet

Der Kult des Amana existierte noch im Jahr nach der Gründung von Amarna, denn damals schickte der thebanische Amana-Tempel eine Weinlieferung in die im Aufbau begriffene Stadt.[195] Weigall, Freuds ägyptologischer Gewährsmann, schilderte die gegen Amana gerichtete Tilgungsaktion in glühenden Farben, sachlich aber durchaus richtig:[196] Echnatons Beauftragte löschten den Namen des Amana in ungezählten Fällen; sie hackten den verfemten Namen aus an Tempelwänden, aber auch fern von menschlichen Siedlungen in den Besucher-Graffiti des oberägyptischen Kataraktengebietes;[197] sie durchsuchten die Inschriften auf Statuen,[198] Schmuckstücken und Gefässen um den proskribierten Namen auszukratzen, auch wenn er lediglich als Bestandteil eines Personennamens vorkam. Als die Ägyptologen im 19. Jahrhundert daran gingen, die pharaonischen Denkmäler in eine zeitliche Ordnung zu bringen, da richteten sie sich dankbar nach diesen Tilgungsspuren: Waren auf einem Denkmal Name und Bild von Amana getilgt, musste es noch vor Echnatons Zeit entstanden sein. Noch heute stützen sich die Ägyptologen auf diesen untrüglichen Datierungshinweis.

Von Geburt an hiess der König Aman-hatpe, was bedeutet „(Gott) Aman(a) ist zufrieden". Noch im Jahr der Gründung von Amarna nannte sich der König Aman-hatpe; bald darauf muss er den Namen Echnaton angenommen haben. Der neue Name bedeutet soviel wie (*Der König ist*) *nützlich-für-Aton* (Ech/Ach/Ikh/-(e)n-Aton). In vielen Fällen liess der König seinen neuen Namen über altes Aman-hatpe schreiben. Später in der Zeit der agressiven Feindschaft gegenüber Amana, liess der König seinen Geburtsnamen *Aman-hatpe* tilgen, soweit er nicht bereits umgeschrieben war. Anstelle von Aman-hatpe kann man fälschlich oft Amenophis lesen, ein Name mit der Bedeutung (Der Gott) Amana-(ist-in)-Ipe(t); Ipet ist der Amana-Tempel im heutigen Luxor.

Der südlichste Fundort für die Verfolgung des Amana ist der Tempel des Gottes am *Reinen Berg* (heute Gebel Barkal); der nördlichste Fundort liegt rund 2200 Kilometer entfernt auf Nord-Sinai. Abb. 7 bietet den Text auf dem Rückenpfeiler einer am *Reinen Berg* gefundenen Statue von Aman-hatpe III., dem Vater von Echnaton. Im Text ist der Geburtsname Aman-hatpe (1) getilgt und stattdessen in flüchtiger Arbeit der Thronname Neb-ma-Re eingeritzt. Darunter ist der Gottesname Amana (2) im königlichen Beinamen *geliebt von [Amana-]Rīʿa, König-der-Götter* getilgt. Der nicht angetastete Rest des Beinamens liest sich: *Rīʿa, König-der-Götter*.....

---

[195] Hornung 1964, 81 n. 15 mit Verweis auf Pendlebury 1951, Pl. 90, 140.
[196] Weigall 1922, 168–169; Weigall 1923, 110.
[197] Delia 1999.
[198] Eaton-Krauss 2003, 194–202.

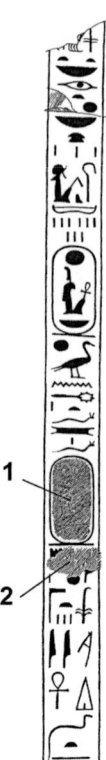

Abb. 7: Inschrift auf dem Rückenpfeiler einer Statue Aman-hatpes III., nach Dunham 1970, Fig. 5

Rund 450 Jahre vor Echnaton regierte Aman-em-het III. In Dahshur, 40 km südlich von Kairo, erbaute er eine Pyramide mit Totentempel; später errichtete er noch einen Pyramidenbezirk in Hawara. In beiden Anlagen waren Echnatons Leute bei der Suche nach dem Amana enthaltenden Königsnamen Aman-em-het erfolgreich; in Dahshur fanden sie den Namen auf einem Pyramiden-Schlussstein (Pyramidion). In der Dekoration der Ostseite (Abb. 8) sind im Namen *Aman-em-het* (*Aman-ist-an-der-Spitze*) die Hieroglyphen für Amana/Aman ausgehackt (1); so auch in den Inschriften der anderen Seiten. Haben Echnatons Agenten die 75 Meter hohe Pyramide bestiegen, um auf dem Schlussstein eine dort vermutete Nennung von Amana zu tilgen? Stand das Pyramidion als Kultobjekt zu ebener Erde oder war es von der Pyramidenspitze herunter gestürzt?[199]

---

[199] Arnold 1987, 14–16, 95.

Abb. 8: Ost- und Nordseite des Dahschur-Pyramidions; nach Maspero 1902, Planche sans numéro

Der nördlichste Fundort für die Verfolgung des Amana ist Tell el-Borg auf Sinai. Hier läuft seit dem Jahr 2000 die Ausgrabung einer Grenzfestung des Neuen Reiches. Die Inschriften von Abb. 9a.b nennen Namen und Titulatur von Aman-hatpe II.; sie stehen auf einer Türrahmung. Im Geburtsnamen Aman-hatpe ist *Amana* getilgt (1); beide Male blieb der Beiname *Gott, Herrscher von Iunu-Heliopolis* (2) stehen.[200] In anderen Fällen – wie in Abb. 12a.b. – in denen der Beiname vermutlich auf *Gott, Herrscher von Uaset/Theben* lautete, ist auch der Beinamen komplett getilgt. Ferner ist in 9a in der unter dem Ringnamen stehenden Beischrift *geliebt von Amana-Rīʿa, Herr der Throne der Beiden Länder, Herr des Himmels*, der Gottesname Amana getilgt (3). In Abb. 9b steht unter dem Ringnamen die unversehrte Beischrift *geliebt von (der Himmelsgöttin) Nut, der Grossen*.

---

[200] Hier im Norden Ägyptens liess sich *Jwnj* auf *Heliopolis* beziehen; im Süden lag der Bezug auf Theben näher.

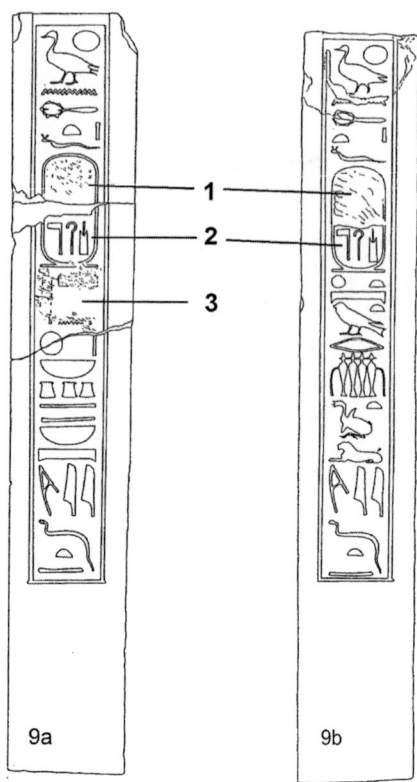

Abb. 9a.b: Tilgungen auf einem Türrahmen in Tell el-Borg; nach Hoffmeier/Dijk 2010, fig. 8a-b

Tilgungen der Mut-Geier-Hieroglyphe

Echnatons Angriff zielte nicht allein auf Amana, sondern auch auf seine göttlichen Partnerinnen Amunet und Mut.[201] Letztere waren im restlichen Ägypten wenig bedeutend, so dass ihre Verfolgung in erster Linie in Theben stattfand. Die in Theben junge Göttin Mut „was 'brought' to Karnak by the kings of the Seventeenth dynasty," wie es in einer neueren Untersuchung heisst.[202] Die Könige bauten für Mut einen Tempel im Bezirk von Karnak und gaben ihr Amana als Partner; man stellte sie dar als Geier oder Frau.[203]

---

[201] Betroffen war auch Nefer-hotpe-Chons als Kind von Amana und Mut, aber die Belege für ihn sind sehr spärlich. Nach Hari 1984, 1040 gilt: „il n'a pas pour ainsi dire pas d'existence propre ... avant la période ramesside."
[202] Luiselli 2015, 125.
[203] Velde 1982, 246–247.

Ihr Name, der *Mutter* bedeutet, wurde mit der Geier-Hieroglyphe von Abb. 10 geschrieben, mit oder ohne Wedel.

Abb. 10: Geier-Hieroglyphe nach Gardiner 1957, SL G 15

Es versteht sich fast von selbst, dass Echnaton den Namen der *Mut* in Personennamen tilgen liess, die den Namen der Göttin enthielten. Die Tilgung der Mut-Geier-Hieroglyphe findet sich auch in den Elite-Gräbern der neuen Hauptstatdt Amarna und zwar in Reliefbildern mit Nofretetes Schwester Mut-benret.[204] Der Tilgung musste die Planung und Ausführung der Gräber und ihrer Reliefbilder vorausgehen, was nicht binnen eines oder zweier Jahre nach der Gründung von Amarna geschehen sein kann. Die zeitlich obere Grenze für die Tilgungsaktion bezeichnen die Texte auf dem Sarkophag und Sarkophagschrein von Echnatons Mutter, die gegen Ende von Echnatons Regierung gestorben ist. Ihr Titel *Mutter-des-Königs* ist nicht mit der Mut-Geier-Hieroglyphe geschrieben, sondern mit einzelnen Hieroglyphen für *m* und *t*. Die Schreibung setzt die Verpönung des Mut-Geiers voraus, folglich mit Wahrscheinlichkeit die Verfolgung von Mut und Amana. Mit anderen Worten datiert Echnatons Tilgungsaktion eher gegen Ende als in die Mitte seiner 17 Regierungsjahre.

Die Verbindung zwischen der Geier-Hieroglyphe und dem Namen der Göttin war aus Echnatons Sicht so eng, dass er die Geier-Hieroglyphe auch in Wörtern tilgen liess, die lediglich eine gleichlautende Silbe enthielten. Ein bekanntes Beispiel ist ein Relief aus dem Grab des Ramose, der unter Aman-hatpe III. und Echnaton als Wesir diente. Wie in Abb. 11 markiert ist *Amana* zweimal getilgt (u,v). In der Phrase, *gelobt von (der Göttin) Mut, Herrin-von-Ischeru*, die sich auf die Frau (2) bezieht ist die Geier- Hieroglyphe – wie zu erwarten – getilgt (y). Die Hieroglyphe ist aber auch getilgt im Wort *sesemut*/Pferde (x), enthalten im Titel *Aufseher-der-Pferde* des Mannes (1).

Betsy Bryan, die im Mut-Tempel in Karnak gräbt, verdanke ich folgende mündliche Information: Es gibt Statuen in denen die Göttin als Mut-Sachmet-Bastet erscheint. In diesen Fällen haben die Atenisten nur den Namen der Mut attackiert, nicht aber die Namen der Göttinnen Sachmet und Bastet.

---

[204] Zur Tilgung der Geier-Hieroglyphe und der Ersatzschreibung für Mutter, siehe ПЕРЕПЕЛКИН 1967, 187–190.

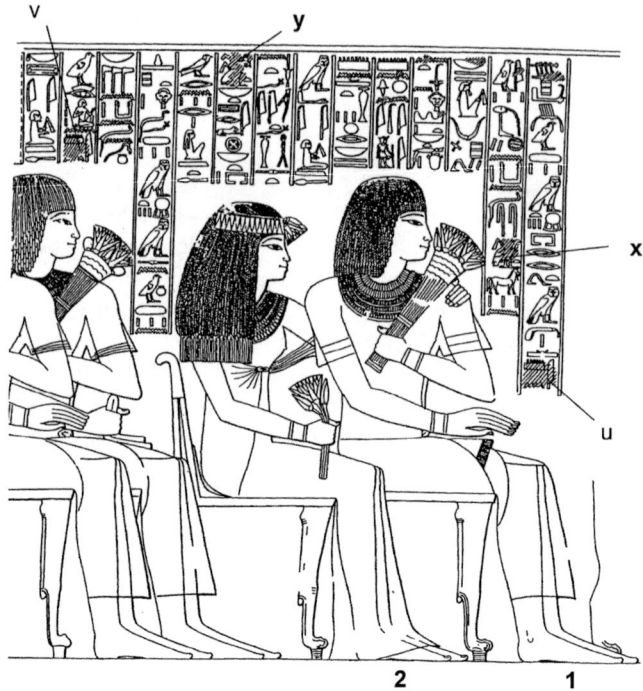

Abb. 11: Tilgungen des Mut-Geiers; nach Davies, Ramose, pl. 8

Verfolgung der Göttin Nechbet

Die im 3. oberägyptischen Gau beheimatete geiergestaltige Göttin Nechbet hatte nichts mit Amana zu tun, Echnaton verfolgte sie aber aus einem unbekannten Grund in ganz Ägypten. Als eine der beiden traditionellen Schutzgöttinnen schwebt Nechbet in Reliefs häufig als schützender Geier über dem König. Sie war für die oberägyptische, sogenannte Weisse Krone zuständig, ihre Partnerin, die schlangengestaltige Uto, für die unterägyptische, sogenannte Rote Krone. Abb. 12b zeigt Aman-hatpe II. unter dem Schutz von Nechbet in Gestalt eines fliegenden Geiers. Wie allgemein haben Echnatons Beauftragte auch hier die Geierfigur nicht angetastet, aber den Namen der Göttin getilgt (1). Ferner ist Aman-hatpe, der Geburtsname des Königs, getilgt (2); links vor dem Geburtsnamen steht der in einem Kartuschenring geschriebene Thronname. In Abb. 12a ist es Uto, die den König in Gestalt eines Geiers mit Schlangenkopf schützt; auch hier ist der Geburtsname Amanhatpe (2), getilgt. Nach Tilgung des Namens der Nechbet liess sich eine Geierfigur als Darstellung der Uto verstehen, falls man sich am Geierkopf nicht störte.

 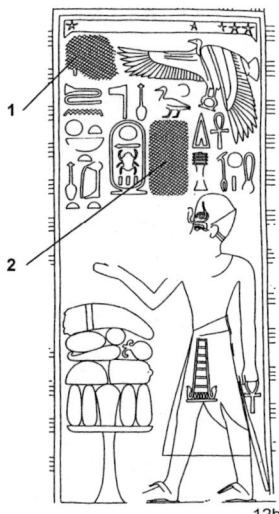

Abb. 12 a.b: Aman-hatpe II. unter dem Schutz von Nechbet und Uto; nach Caminos 1968, Pl. 33

Ricardo Caminos (1916-1992), der die Tempel von Buhen, Semna und Kumma sowie die Felsenschreine von Ibrim und Silsileh epigraphisch aufgenommen und veröffentlicht hat, bemerkte über Nechbet in den Semna-Reliefs:[205] „her hieroglyphic name wilfully and badly defaced, evidences that here also she has been the prey of enemies, about whom, as already pointed out, nothing is known but that their activities extended over Upper Egypt and Nubia." Er wusste also nicht, dass die Ägyptologen seit Mitte des 19. Jahrhunderts Echnaton für die Verfolgung der Nechbet verantwortlich machen. Und selbst wenn er das nicht wusste – ist ihm nicht aufgefallen, dass in den Reliefs auch Amana getilgt ist? Caminos hat in anderen Fällen Tilgungen grafisch angedeutet, ohne im Kommentar ein Wort darüber zu verlieren.[206]

Bei den Ausgrabungen des Deutschen Archäologischen Instituts auf der Nilinsel Elephantine sind wieder verwendete Bauteile aus einem Tempel der Vor-Amarna-Zeit zutage gekommen, die Friedrich Junge bearbeitet hat. Marc Gabolde stellt aufgrund der Fotos in Junges Publikation fest:[207] „Amon et Nekhbet ont eu leurs noms et images martelés, mais le reste du panthéon est demeuré intact." Ein Beispiel ist unsere Abb. 13 mit den restaurierten Namen von Nechbet (1) und Aman-hatpe II. (2). Junges Kommentar zum Ringnamen lautet:[208] „die Fläche in der Kartusche ist leicht konkav ausgeschabt, so, als seien Zeichen ausgetilgt worden, bevor der Name eingesetzt wurde."

---

[205] Caminos 1998, 112.
[206] Siehe beispielsweise Caminos/James 1963, Pl. 13, siehe Abb. 15 hier.
[207] Gabolde 1998, 32.
[208] Junge 1987, 32.

Die Tilgungsspuren im Feld mit dem Nechbet-Namen hat er nicht bemerkt und verliert auch sonst kein Wort über Amarna-Tilgungen in dem von ihm bearbeiteten Fundmaterial.

Abb. 13: Bruchstück von einem Pfeiler; nach Junge 1987, Tf. 15a

Was die Verfolgung der Nechbet angeht, so gibt es einen Beleg den Caminos hoffentlich überzeugend gefunden hätte. Abb. 14 zeigt eine Dreierstatue: links von Aman-hatpe III. sitzt Uto als Frau mit Roter Krone; laut Inschrift (b) ist der König *geliebt von Uto*. Rechts vom König ist eine Figur der Nechbet sorgfältig weggemeiselt, nicht so die auf sie bezogene Inschrift (a); nach (a) war der König *geliebt von Nechbet*. In Inschrift (a) ist der Geburtsname Aman-hatpe verändert in den Thronnamen Neb-ma-Re. In aller Regel liess Echnaton bei der Verfolgung des Amana den Amana-haltigen Geburtsnamen seines Vaters in den Thronnamen Neb-ma-Re umschreiben.

Aber wenn der Leser meinen sollte, die Dreiergruppe mit ihren Tilgungen und Änderungen wäre ein eindeutiger Beleg für die Verfolgung der Nechbet und Schonung der Uto, dann hat er sich getäuscht: In den 1990er Jahren präsentierte ein hier anonym bleibender Doktorand bei seinem Promotions-Vortrag in der Humboldt-Universität zu Berlin Belege für die Verfolgung der Nechbet und die Verschonung der Uto, unter anderem die Dreiergruppe. Ein hochrangiger Ägyptologe stand auf und äusserte Einwände: „Es muss sich gar nicht um eine absichtliche Tilgung handeln. Das kann alle möglichen Gründe haben! Vielleicht ist die Nechbetfigur durch Verwitterung verschwunden oder aus sonst einem anderen Grund nicht mehr da."– Alles mögliche, nur nicht das Offensichtliche. Einem Anfänger zugestehen, dass er neue Ideen vertritt? – „Wenn schon ich selber keine neuen Ideen habe, dann will ich sie auf keinen Fall bei anderen dulden."

Abb. 14: Triade Kairo JE 39507; nach Seidel 1996, Tf. 48

Selektive Verfolgung der Götter Min und Monthu

Abb. 15 zeigt den Türsturz über einer Schreintür in Silsilah mit der zweimaligen Tilgung des Namens von Nechbet (1), bei Verschonung ihres Geiers, was Caminos & James in der Publikation vermerkten.[209] Der Geier schwebt schützend über den Ringnamen von Thutmoses III.; am linken und rechten Reliefrand sieht man in verehrender Haltung den Stifter des Schreins, einen Beamten namens Min.

---

[209] Caminos/James 1963, 19–21.

Die Koautoren markierten auch die Zerstörung der *Uas*-Hieroglyphe (2) in drei Fällen, ohne Kommentar in ihrem Text. Zerstört ist jedesmal *Erscheinend-in-Uaset* (*Erscheinend-im-Gau-von-Theben*), ein Beiname von Thutmoses III. Die jedesmalige Zerstörung spricht für absichtliche Tilgung und folglich haben wir es hier mit einer der relativ seltenen Tilgungen der *Uas*-Hieroglyphe zu tun.[210]

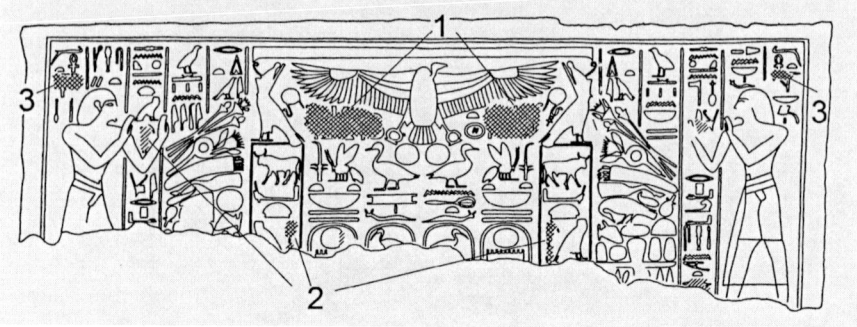

Abb. 15: Silsilah, Schrein 5, Türsturz; nach Caminos/James 1963, Pl. 13

Min, der Name des Schreineigentümers, ist beide Male getilgt (3), seine Figur jedoch unbeschädigt, so dass die Tilgung auf den *Gott* Min zu beziehen ist mit der der Schreinbesitzer den Namen teilt. Min war der Hauptgott von Koptos, rund 50 km nördlich von Theben gelegen. Aus Koptos selbst kann ich keine Beispiele für die Verfolgung von Min zitieren. Bekanntlich sind Min von Koptos und Amana von Luxor theologisch verwandt,[211] was eine selektive Verfolgung von Min erklären kann. Die Tilgung in Silsileh ist nicht isoliert. Im Felsentempel von El-Lessiya ist ein Relief des ithyphallischen Min getilgt,[212] nicht aber sein Name Herr-von-Koptos, wie Michel Dewachter bemerkt. Dewachter verweist ferner darauf, dass in Quban (*Baki*) eine auf *Min-Re nswt ntrw ḥry-jb B3ky* lautende Beischrift in R^c *ḥry-jb B3ky* abgeändert ist.[213] Ein in Aniba gefundenes Fragment aus der Zeit Aman-hatpes III. nennt *Min, nb-Jpy*; der Text ist erhalten, die Figur von Min getilgt.[214]

Eine selektive Verfolgung kann man auch feststellen im Fall von Monthu, vor Amanas Aufstieg der Hauptgott des 4. oberägyptischen Gaus; theologisch hatte er mit Amana nichts zu tun. Eine Figur von Monthu ist radikal getilgt im Totentempel Aman-

---

[210] Für Beispiele in Amada siehe Achiery et al. 1967, C 9–10, G 9–11, O 1–4, P 1–5 (in letzterem Fall nicht auf den Gau *Uaset* bezogen, sondern auf das Wort *Uas*/Heil). – Für Beispiele in El-Lessiya siehe Achiery et al. 1968a, 2: „des martelages ... parfois du signe ouas (voir Amada)" sowie Achiery et al. 1968b, Pl. XXI: „ouas martelé partiellement". Weitere Fälle in El-Lessiya, ohne Kommentar im Text, scheinen zu sein: 1968b, Pls. XV, XVI, XXIII.
[211] Bonnet 1952, 32.
[212] Achiery et al. 1968b, Pl. XVI.
[213] Dewachter 1970, 86.
[214] Steindorff 1937, 258–259.

hatpes III. in Theben.[215] Auf einem Türsturz im Tempel von Semna sind die auf Thutmoses III. bezogenen Beischriften *geliebt-von-Monthu-in-Uaset* und geliebt von *Amana-Herr-der-Throne-der-Beiden-Länder* getilgt, erhalten sind die Beinamen *geliebt von Chnum* und *Dedwen*.[216] Auf einer Türlaibung im südlichen Tempel von Buhen heisst Thutmoses III. *geliebt von Monthu ḥrj-jb W3st*,[217] während an einer anderen Stelle *nb W3st* als Beiname erhalten ist.[218] In Soleb ist der Name Monthu einmal getilgt (Pl. 208), aber auf Pl. 50 sind drei (vier?) Schreine mit verschiedenen Formen von Monthu erhalten. Die Tilgung von Monthu in Theben und die gelegentliche Tilgung ausserhalb von Theben, kappte seine Verbindung zu den jeweiligen Tempeln und den dort verehrten Gottheiten einschliesslich Amana. Wollte Echnaton den Monthu auf seine Kultzentren in Medamud und Armant beschränken, ohne ihm eine Wirksamkeit ausserhalb zu gestatten, vergleichbar dem Hausarrest für einen politischen Gegner?

Tilgung des Pluralwortes GÖTTER

Im Anschluss an Breasteds *History of Egypt* belehrte Freud seine Leser:[219] „Ja, der Eifer des Königs ging so weit, dass er die alten Denkmäler untersuchen liess, um das Wort *Gott* in ihnen auszumerzen, wenn es in der Mehrzahl gebraucht war". Bei Breasted selbst steht etwas anderes:[220] „... the official temple-worship of the various gods throughout the land ceased, and their names were erased wherever they could be found upon the monuments. The persecution of Amon was especially severe."

Erst in seinem letzten Buch, *The Dawn of Conscience*, formulierte Breasted im Sinne von Freud:[221] „Even the word *gods* as a compromising plural was expunged wherever found, and the names of the other gods, too, were treated like that of Amon." Wenn man diesen Satz liest und wörtlich nimmt, kann man keinen Zweifel hegen, dass Echnaton ein Monotheist war, der neben seinem einen und einzigen Gott Aton keine anderen Götter dulden wollte.

Breasteds Formulierung ist aber nicht korrekt, denn von „expunged wherever found" kann keine Rede sein. Die Formulierung gilt für die Tilgungen in den Tempeln von Theben,[222] allerdings mit Ausnahme der solaren Gottheiten Re, Atum und Ma-at. Echnaton liess die verfemten Gottheiten in den thebanischen Elite-Gräbern verfolgen, aber zum Unterschied von den Tempeln blieben alle anderen Gottheiten verschont. Alice McClymont hat eine Dissertation über die Tilgungen in den thebanischen Gräbern

---

[215] Bickel 1997, 126–127, Tf. 56.
[216] Caminos 1998, Pl. 48
[217] Caminos 1974, Pl. 15.
[218] Caminos 1974, Pl. 97.
[219] Freud 1950, 121, unter Verweis auf Breasted 1906, 363.
[220] Breasted 1909, 363.
[221] Breasted 1933, 280.
[222] Im Detail untersucht sind Karnak, siehe Saad 1972, und ein Teil von Luxor, siehe Brunner 1977.

geschrieben, aber noch nicht veröffentlicht;[223] daher habe ich mich bei den thebanischen Gräbern mit Stichproben begnügt.

Ein Beispiel für Echnatons Vorgehen in den thebanischen Gräbern bietet das Grab von Kheru-ef, einem königlichen Schreiber und Vermögensverwalter von Echnatons Mutter Teje. Die Dekorationen in Kheruefs Grab stammen aus der Übergangszeit von Aman-hatpe III. zu Aman-hatpe IV./Echnaton. Das Grab ist unfertig geblieben, trotzdem wurden die Nennungen von Amana getilgt und noch später die von Aman-hatpe IV. / Echnaton selbst.

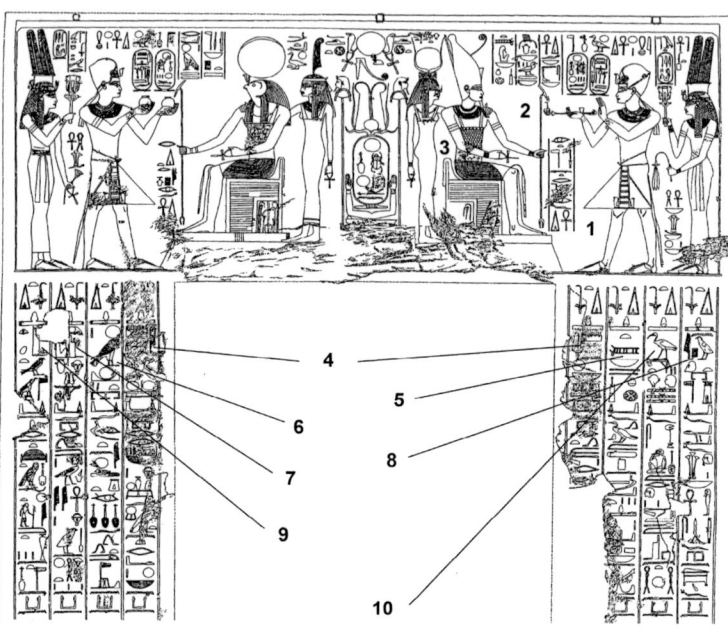

Abb. 16: Getilgte und nicht getilgte Götternamen im Grab von Kheruef, nach Epigraphic Survey 1980, Pl. 8

Abb. 16 zeigt eine Türumrahmung im Kheruef-Grab. Rechts auf dem Türsturz räuchert (1) Echnaton/Aman-hatpe IV., assistiert von Teje, dem thronenden Gott Atum (2), hinter dem die Göttin Hathor (3) steht; beide Gottheiten blieben bei der Tilgungsaktion im Grab verschont. Auf der linken Seite des Türsturzes bringt Echnaton, assistiert von Teje, ein Weinopfer dar, das dem falkenköpfigen Sonnengott Rē-Har-achte gilt; hinter dem thronenden Gott steht die dem Sonnengott eng verbundene Göttin Ma-at. Wie der Leser weiss, ist Rē-Harachte die von Echnaton zunächst besonders verehrte Form des Sonnengottes.

---

[223] Siehe vorläufig McClymont 2017, 31–39.

Auf dem linken Türpfosten stehen Opferformeln, die jeweils mit einem Götternamen beginnen: auf den getilgten Amana (4) folgen die jeweils nicht getilgten Namen von Rē-Harachte (6), Osiris (7) und Isis (9). Auf dem rechten Türpfosten folgen auf den getilgten Namen von Amana (4) die nicht getilgten Namen von Atum (5), Thoth (10) und Anubis (8).

Wie hier bei Kheruef, so verhält es sich durchweg in den thebanischen Beamtengräbern: Getilgt wurden die Namen von Amana, Amunet, Mut sowie die Geier-Hieroglyphe, gelegentlich die Bilder von Gans und Katze als Symboltiere von Amana und Mut. Alle *anderen* Götter und insbesondere auch die in den thebanischen Tempeln getilgten, blieben in den thebanischen Elitegräbern verschont.

Wie verträgt sich die Schonung der meisten Götter Ägyptens mit der älteren ägyptologischen Lehrmeinung, Echnaton habe als intoleranter Monotheist inschriftliche Nennungen des Pluralwortes *Götter* tilgen lassen? Nach meiner stichprobenartigen Durchsicht des Materials ist das Wort *Götter* in den thebanischen Privatgräbern in rund 30 % der Fälle getilgt, also in rund 2 von 3 Fällen verschont. Liegt eine Nachlässigkeit von Echnatons Agenten vor oder hat der König selbst seine Anweisung den Plural *Götter* zu tilgen, nicht so streng formuliert wie im Fall von Amana? Wie auch immer, so folgt aus der Häufigkeit von 30% die absichtliche Tilgung des Wortes *Götter*. Andererseits blieben in den Gräbern die Namen von drei Dutzend Göttinnen und Göttern wie beispielsweise Isis, Hathor, Nut, Osiris, Ptah, Anubis, Thoth und Seth unangetastet. Ohne Widerspruch kann man aus der Verschonung der einzelnen Gottheiten bei gleichzeitiger Tilgung des Plurals *Götter* nicht schlussfolgern, Echnaton hätte den theologischen Begriff einer Vielzahl von Gottheiten bekämpft.

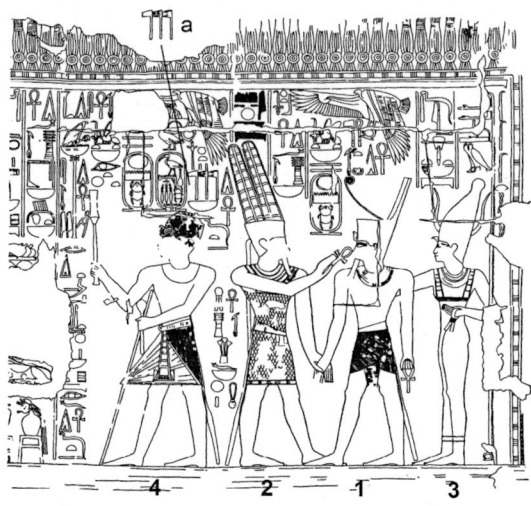

Abb. 17: Tilgung von Amana, Erhaltung von *ntrw/Götter*; nach Achiery 1967, Szene N 5

In Abb. 17 steht Thutmoses III. (1) zwischen der Göttin Satis (3) und Amana (2). Die Figur des Amana wurde in der Amarnazeit getilgt und später restauriert; gleiches gilt für die Beischrift: ~~Amana-Rīʿa, Herr-des-Himmels~~ (schwarz ausgefüllte Hieroglyphen). Das Relief zeigt Thutmoses III. (4) noch einmal und zwar in einer Opferhandlung; in seinem Beinamen *Fürsorger-der-Götter* ist der Plural *Götter* (a) nicht getilgt. Ohne Bezug auf Amana kommt der Plural *Götter* in Amada siebzehnmal vor: elfmal in einem Beinamen des Königs, sei es *geliebt-von-den-Göttern* oder *Fürsorger-der-Götter*, sechsmal als *Herrin-der-Götter* im Beinamen einer Göttin. Das Pluralwort *Götter* ist in keinem der siebzehn Fälle getilgt. Soweit ich die Publikationen über die Tempel und Felsenschreine von Sesebi bis Silsileh durchgesehen habe, kommt in den königlichen Tempeln ausserhalb von Theben keine einzige Tilgung des Pluralwortes *Götter* vor.

Vielleicht war es die Absicht des Königs die Tempel des Amana als Kultstätten zu ruinieren und die dort zu Gast befindlichen anderen Götter zum Verlassen von Amanas Kultstätten zu bewegen. Als Beispiel für die Tilgungsaktion ausserhalb von Theben kann der von den Königen Thutmoses III. und Aman-hatpe II. erbaute und dekorierte Tempel von Amada dienen. Allgemein sind in den Reliefs in Amada folgende Gottheiten nicht getilgt: Re-Harachte, Thoth, Satis, Isis, Iusaas, Anukis, Uto, Bastet, Ptah, Min, Monthu, Sachmet, Chnum, Hathor. Die Göttin Hathor-Herrin-von-Ibschek ist in Amada getilgt,[224] in El-Lessiya nicht. Nach meiner Zählung ist Nechbet insgesamt 27mal genannt und 11mal getilgt (41%). Was Amana angeht, so stellt Dewachter fest:[225] „sur 35 représentations d'Amon, pas une seule ne fut épargnée." In sechs Fällen führte Amana-Rīʿa den Titel König-der-Götter, einmal Oberhaupt-der-Götter. Viermal sind Name und Titel vollständig getilgt, zweimal nur Amana, so dass Rīʿa-Oberhaupt-der-Götter oder Rīʿa-König-der-Götter stehen blieb, wie es auch sonst vorkommt.[226]

Widerspruchsfrei lässt sich aus der Situation ableiten, dass Echnaton nicht gegen die Idee von vielen Göttern kämpfte, sondern gegen die Anmassung des Gottes Amana der König-der-Götter zu sein. Wie sollte Echnaton am Plural *Götter* Anstoss genommen haben, wo er selbst doch auch ein Gott war? In einer Inschrift sprach beispielsweise der hohe Beamte May den König Echnaton wie folgt an:[227] *Mein Gott, der mich schuf* und *Gott, der Leben gibt*. Auch Aya (Aja), unter anderem Kommandeur der Streitwagentruppe, stand hier nicht zurück und nannte Echnaton:[228] *Mein Gott, der mich schuf*.

Auch Nofretete, die Hauptgemahlin Echnatons, wird gelegentlich als Göttin bezeichnet: Ayas Gemahlin Tiyi, die Amme von Nofretete, führte den Titel *grosse Amme*,

---

[224] Sie ist dreimal getilgt in Amada, siehe Achiery et al. 1967: C 6, C 8, C 25; fraglich ist ~~Hathor-Herrin-von~~ /// in P 11–13.
[225] Dewachter 1970, 86 n. 2.
[226] Siehe beispielsweise die Statue Thutmoses III. vom Gebel Barkal: hier Abb. 7.
[227] Davies 1908a: Pl. II.13 (Maÿ, north thickness); Pl. IV. 3 (Maÿ, south thickness); Murnane 1995, 144–145.
[228] Davies 1908b, Pl. XXV 9; Murnane 1995, 111: „my god who made me and brought my Ka into being."

die die Göttin (= Nofretete) säugte (oder: erzog).[229] Es gab zwar Ammen, die den *Gott* säugten, einen späteren König nämlich, aber ausser Tiji ist keine andere Amme bekannt, die eine Göttin und spätere Königsgemahlin säugte.[230] Sicher reichte die Göttlichkeit von König und Königin nicht an die Göttlichkeit des Sonnengottes heran, der zumindest in einer Inschrift *göttlicher Gott* (*nṯr nṯry*) heisst.[231]

Aber vielleicht handelt es sich bei den Zitaten um nicht wirklich ernst gemeinte Schmeicheleien der Höflinge? Wie Echnaton selbst es offiziell meinte, erfahren wir aus den von ihm abgeänderten Reliefs aus dem Totentempel seines Vaters auf dem thebanischen Westufer. Die Reliefs sind seit 1998 zugänglich in einer Veröffentlichung durch Susanne Bickel.[232] Während Echnaton davor zurückschreckte das Grab seines Vaters zu öffnen, um Amana auch dort anzugreifen, liess er im Totentempel seines Vaters Bilder und Namen des Amana tilgen und durch andere Gottheiten ersetzen. In Abb. 18 sieht man Aman-hatpe III. (1), wie er im originalen Zustand des Reliefs dem Amana (2) in einer Brandschale Weihrauch opfert; hinter Amana steht unbeschädigt der Gott Osiris (3).

Abb. 18: Aman-hatpe III. im Opfer vor ~~Amana~~ und Osiris; nach Bickel 1997, Tf. 82

Wie Susanne Bickel festgestellt hat, liess Echnaton zunächst die Figur des Amana tilgen, einschliesslich der beiden hohen Federn auf dem Kopf. Die Arbeiter verdeckten die

---

[229] Davies 1908b, Pl. XXV, XXXIX. – Murnane 1995, 109 (L): „the great nurse who nourished the goddess"; note 2 (p. 200): „The determinative indicates that the queen is meant."
[230] Beispielsweise Baky, die Amme des späteren Königs Aman-hatpe II, führte den Titel *Grosse Amme des Herrn-der-Beiden-Länder, die den Gott säugte*, siehe Roehrig 1990, 166–171, 327–329.
[231] Türlaibung Berlin 20376: Roeder 1924, 128; Cramer 1940, 124; Seidlmayer 1980, 341.
[232] Bickel 1997, 59–133.

Hackspuren mit Gipsstuck und schufen in der Stuckfläche ein neues Reliefbild und zwar von König Aman-hatpe III. selbst. Mithin liess Echnaton die Darstellung seines Vaters, der dem Amana Weihrauch opfert, in ein Bild verändern, in dem sein Vater sich selbst Weihrauch spendet. Aus altägyptischer Sicht liegt darin kein Widerspruch, denn die neugeschaffene Königsfigur liess sich als vergöttlichte Form von Aman-hatpe III. auffassen. Noch aus der Lebenszeit von Aman-hatpe III. selbst stammen Reliefs in denen er einer vergöttlichten Form seiner selbst Opfer darbringt.[233]

In Abb. 19 opfert Aman-hatpe III. (1) der im Tempel von Soleb verehrten vergöttlichten Form seiner selbst (2). Als Gott trägt Aman-hatpe III. seinen Thronnamen Neb-ma-Re mit dem Zusatz *der grosse Gott*. Als König ist der *grosse Gott* zu erkennen am Nemes-Kopftuch mit Stirnschlange sowie dem Stierschwanz am Gürtel, als Gott am Zepter, dem Modius mit Mondsichel und (Mond?)-Scheibe und schliesslich dem Widderhorn.

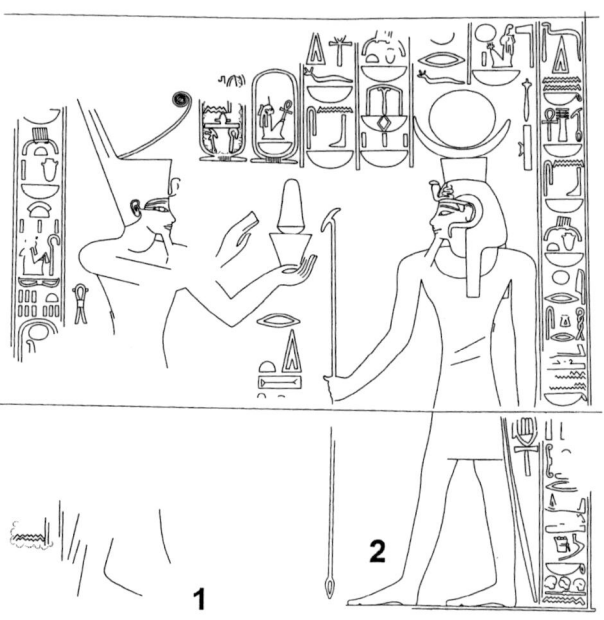

Abb. 19: Aman-hatpe III. als König und als Gott; nach Schiff-Giorgini 1998, Pl. 260

---

[233] Allgemein zur Vergöttlichung von Aman-hatpe III. siehe Johnson 2001, 86–90. Für chronologische Korrekturen zu Johnson siehe Bayer 2014, 407–412.

Abb. 20: Echnaton opfert seinem vergotteten Vater, nach Schiff-Giorgini 1998, Pl. 21

Während der Tilgungsaktion liess Echnaton in der Reliefszene von Abb. 19 lediglich den Amana-haltigen Geburtsnamen seines Vaters tilgen. Abb. 20 präsentiert eines der Reliefs, die Echnaton (1) im Eingangsbereich des Soleb-Tempels anbringen liess und die ihn unter anderem im Opfer vor der vergöttlichten Form seines Vaters (2) zeigen. Bei der späteren Tilgungsaktion wurde an Figur und Beischrift zu Aman-hatpe III. als Gott nichts geändert. Offensichtlich gestand Echnaton seinem Vater den Status eines Gottes zu, den er kultisch verehrte. Hätte Sigmund Freud diese Tatsache mit dem behaupteten *strengen Eingottglauben* des Königs vereinbaren können?

Abb. 21 ist ein letztes Beispiel aus dem Totentempel von Aman-hatpe III. Hier steht Echnatons Vater (1) vor einem Gott (2) und der Göttin Hathor (3). Der Gott (2) stellte ursprünglich den Amana dar, doch zerhackten Echnatons Leute den Oberkörper sowie den Kopf mit den hohen Federn; der Unterkörper, ein Schurz sowie die Beine blieben erhalten. Nach der Glättung der Hackspuren mit Stuck formten Echnatons Handwerker einen neuen Oberkörper und setzten den Falkenkopf des Gottes Ptah-Sokar-Osiris darauf; den Namen des Gottes schrieben sie in Hieroglyphen darüber. Figur und Namen von Hathor blieben wie sie waren.

Als Totengott einte sich Ptah mit den zwei Göttern Osiris und Sokar zur dreigestaltigen Gottheit Ptah-Osiris-Sokar. Und es ist eben dieser dreigestaltige Totengott, den Echnaton für geeignet hielt im Totentempel seines Vaters kultisch wirksam abgebildet zu werden. Die Schlussfolgerung ist unumgänglich, dass Echnaton den Ptah, sowie Osiris und Sokar, ferner Hathor als Gottheiten anerkannte – als Gottheiten, an deren Verehrung ihm persönlich vielleicht nicht viel gelegen haben mag, die er aber im Rahmen des Totenkultes für seinen Vater akzeptierte.

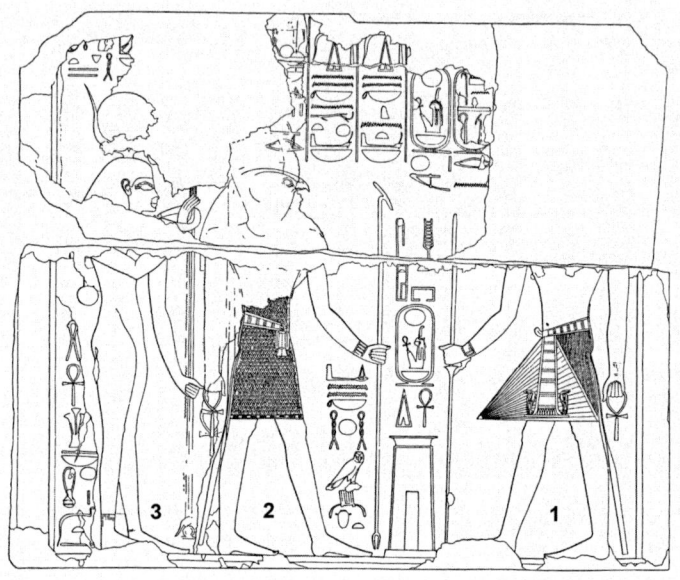

Abb. 21: Amana abgeändert in Ptah-Sokar-Osiris; nach Bickel 1997, Tf. 74

Ägyptologische Vorurteile?

Ein Fall, wie die Umarbeitung einer Amana-Figur im Totentempel von Aman-hatpe III. in eine Figur von Ptah-Sokar-Osiris durch Echnaton, ist noch nicht lange bekannt. Im allgemeinen wussten die Ägyptologen seit der Mitte des 19. Jahrhunderts, dass Echnaton allein Amana und die thebanischen Götter sowie Nechbet in ganz Ägypten strikt verfolgte, während er die anderen Gottheiten in ihren eigenen Kultorten unbehelligt liess. Daraus hätten die Ägyptologen widerspruchsfreie Konsequenzen ziehen können. Aber die europäischen und nordamerikanischen Gelehrten des 19. und frühen 20. Jahrhunderts liessen sich in aller Selbstverständlichkeit von ihren kulturellen und persönlichen Vorurteilen leiten. Sie lebten und dachten in einem traditionell monotheistischen Rahmen und Echnatons agressiver Sonnenkult erinnerte sie an den unduldsamen jüdisch-christlichen Monotheismus. Je nach kirchlicher oder liberaler Ausrichtung konnte Echnatons agressive Religionspolitik beim einzelnen Ägyptologen Zustimmung oder Ablehnung hervorrufen.

Wie auch immer, so hat ein Teil der Ägyptologen die Fakten nur unvollständig zur Kenntnis genommen. Zwei Tatsachen waren es vor allem, die sie ins Auge fassten, zum einen die exklusive Kultstadt Amarna und zum andern die verwüsteten Tempel von Theben. Unberücksichtigt blieb die quantitative Verteilung von Tilgungen und Nicht-Tilgungen in thebanischen Gräbern und Tempeln sowie die Situation der Götter im restlichen Ägypten.

Die Ägyptologen sind heute und waren früher durchaus nicht einhellig der Meinung, dass Echnaton ein Monotheist war. In seinem 1995 erschienenen Buch über die Religion Echnatons wertete der führende Ägyptologe Erik Hornung den Sonnenkult Echnatons als Eingottglauben. Aber er bemerkte doch auch, wie „immer wieder darum gestritten wurde, ob wir es hier mit einem *echten* und konsequenten Monotheismus zu tun haben, denn auch der Aton bildet mit dem Königspaar zusammen eine Dreiheit, welche die strenge Einheit des Gottes relativiert. Wie so viele Begriffe, ist auch der Monotheismus nicht in letzter Strenge zu definieren oder in der Realität zu verwirklichen. Aber diese Religion des Lichtes ist in ihrer unerbittlichen Konsequenz die einfachste und klarste Religion, die jemals geformt wurde".[234]

War der Aton-Kult eine *Religion des Lichtes*? Worin lag die *Konsequenz* des Aton-Kultes? Wie war der Aton-Kult die *einfachste und klarste Religion*? Eindeutige Urteile? Vieldeutige Rhetorik?

Jan Assmann, ein intellektualisierender Ägyptologe, sieht in Echnaton weniger einen Theologen als vielmehr einen systematisierenden Philosophen, wie aus dem Protokoll eines Prüfungsgespräches in Alt-Ägyptenberg hervorgeht:[235]

Professor:	Worin bestand Echnatons Revolution?
Prüfling:	Echnaton hat die Kategorie der *Inkompatibilität* eingeführt.
Professor:	Und warum musste Echnatons Revolution scheitern?
Prüfling:	Die Ägypter konnten das *Fremdwort* nicht aussprechen.

Echnatons Angriff auf Nechbet wirft ein Problem auf, insofern die Göttin die *Weisse Krone* der Pharaonen symbolisiert, die Echnaton beispielsweise in Abb. 6 trägt. Wenn

---

[234] Hornung 1995, 104.
[235] Assmann 1975, 529.

der König die Verkörperung der *Weissen Krone* verfolgt, gleichzeitig aber die *Weisse Krone* getragen hätte – wäre das nicht inkonsequent gewesen?

Eh bien, avec Dupont et Dupont je dirais même plus: Echnatón a introduit la catégorie d'incompatibilité inconséquente.

Begründung von Echnatons Tilgungsaktion

Es gibt keine Inschriften, in denen sich Echnaton über die Gründe auslässt, warum er Amana und seine Familie sowie die Göttin Nechbet verfolgte. Eine erste Antwort auf diese Frage versuchte Carl Richard Lepsius einige Jahre nach der Rückkehr von seiner archäologischen Ägypten-Expedition. Am 26. Juni 1851 sprach er in der Berliner Akademie der Wissenschaften über altägyptische Religion im allgemeinen und auch über die Verfolgung des Amana in der Echnaton-Zeit;[236] er wiederholte den Vortrag bei der Öffentlichen Sitzung zur Feier des Geburtstages Sr. Majestät am 16. Oktober 1851:[237] „Man hatte bisher nur die Zerstörung der Bilder und Namen des Ammon als des häufigsten Gottes in Theben, bemerkt und verschieden erklärt. Namentlich vermutete man unter den später wieder aufgesetzten Namen des Ammon einen andern Gott, den er verdrängt hätte. ... Die Verfolgung betraf allerdings hauptsächlich den Ammon und seine Gemahlin, weil dieser damals an der Spitze der Götter stand. Davon finden sich zahlreiche Beispiele in allen Theilen Aegyptens, von den Tempeln zu Soleb und Semneh bis zu den Privatgräbern aus der zwölften Dynastie in Benihassan.[238] ... Immer wird man die tiefere Erklärung dieser eigenthümlichen historisch-mythologischen Erscheinung nur darin finden, dass dem vielgestaltigen ägyptischen Polytheismus der Sonnendienst, der jedoch längst zu höheren Stufen vermenschlicht und vergeistigt worden war, ursprünglich zum Grunde lag."

Wenn ich seine umständlichen Formulierungen richtig verstehe, dann meinte Lepsius, dass der ägyptische Polytheismus aus einer solaren Wurzel resultierte, Echnaton aber als Reformator die Entwicklung rückgängig machte. Anders als Lepsius meinte hat es in Ägypten keine solare Ur-Religion gegeben. Vielmehr ist der Kult des Sonnengottes erst zu Beginn der 2. Dynastie als etwas Neues belegt,[239] und zwar in einem polytheistischen Rahmen.

Die Verfolgung der Nechbet (1851 *Neben* gelesen) beschrieb Lepsius als gleich konsequent wie die von Amana:[240] „Die Göttin *Neben* wurde ebenso streng verfolgt, wahrscheinlich weil sie dasselbe Symbol wie Mut, die Gemahlin des Ammon, den Geier führte und überhaupt nur die lokale Form der Mut von Eileithyia [Elkab] gewesen zu

---

[236] Bericht über die zur Bekanntmachung geeigneten Verhandlungen der Königlich (sic) Preussischen Akademie der Wissenschaften zu Berlin (Berlin 1851) 371–373, 627.
[237] Lepsius 1852, 197–198, 202.
[238] Lepsius meint das Grab des Nomarchen Amenemhat, siehe Porter/Moss 1934, 141.
[239] Kahl 2007; Krauss 2016a, 137–141.
[240] Lepsius 1852, 198 Anm. 1.

sein scheint. So ist der von Amenophis III zu Elkab, dem alten Eileithyia, ihr errichtete Tempel in allen Darstellungen auf das schonungsloseste verunstaltet worden, indem ihr Name und die ganze Figur auf allen Wänden ausgekratzt wurde." Viel später vermutete auch Jean Capart die religions-geschichtliche Identität von Nechbet und Mut,[241] was sich aber nicht bestätigt hat. Vor zwei Jahrzehnten äusserte ich eine andere Vermutung:[242] „In persecuting Nekhbet Akhenaten might have secured for the cobra [Wadjet or Uto] the role of the unique companion of the sun god and sole protectress of royalty. Wadjet's uniqueness could be understood as an elevation of status for the goddess."

Wollte der König auch in der Götterwelt die gleichen Rang- und Statusverhältnisse einführen, die er in seinem ägyptischen Reich für sich und seine Hauptgemahlin beanspruchte? Mit anderen Worten – als Echnaton für den Sonnengott und die Kobragöttin einen monopolistischen Status durchsetzte, da könnte er ein Modell geschaffen haben für seine eigene anscheinend unumschränkte Königsmacht, die er mit seiner Hauptgemahlin Nofretete teilte. Nachträglich sehe ich, dass bei einer solchen Erklärung Ursache und Wirkung nicht zu unterscheiden sind, so dass methodisch die simple Erklärung von Lepsius vorzuziehen wäre. Wenn meine Leser andere Gründe für die Aktion des Königs vermuten wollen, kann dem nichts im Wege stehen.

Angriffe auf Gottheiten

Namenstilgungen sind aus Altägypten gut bekannt; meistens traf es in Ungnade gefallene Beamte und Günstlinge der Könige. Dreimal aber geschah es in der jahrtausendelangen Geschichte Altägyptens, dass ein Gott durch Namenstilgung und Zerstörung seiner Bilder (magisch) vernichtet oder zumindest geschädigt werden sollte: Erst hat Echnaton den Gott Amana angegriffen, gleiches geschah später als Vergeltung mit Echnatons Gott Aton. Und schliesslich richtete sich einige Jahrhunderte später eine Tilgungsaktion gegen den Gott Seth (Abb. 1). Seth war ein starker und bösartiger Gott, tötete er doch seinen eigenen Bruder, den Gott Osiris (Abb. 1), der rechtmässig über Ägypten herrschte, und machte schliesslich Horus, dem Sohn des Osiris, das Erbe des Vaters streitig. Und dennoch verehrten die Ägypter den Seth seit frühester Zeit, wie es ihm als einem starken, wenn auch gefährlichen Gott gebührte.

Warum die Verehrung nach Jahrtausenden in eine Verfemung umschlug, weiss man nicht. Die Ägyptologen haben die Verfemung lange Zeit für umfassend gehalten, jetzt sieht es aber so aus als ob die Verfolgung selektiv gewesen wäre und Seth insbesondere als Mörder des Osiris galt.[243] Vielleicht legten die Ägypter dem Seth die assyrischen und persischen Invasionen zu Last. Assyrer und Perser waren nicht zu besiegen, doch ersatzweise liess sich Seth verfolgen. Über die imaginierte Verfolgung des Seth

---

[241] Capart 1946.
[242] Krauss 2000a, 98.
[243] Hope/Warfe 2017, 273–283.

durch den Sieger Horus lesen wir:[244] „Horus zerstörte Seth's Städte und seine Provinzen; er kratzte seine Namen aus in diesem Land, nachdem er seine Statuen in allen Provinzen zerbrochen hatte". Ein anderer Text beschreibt die Trauer seiner Verehrer in der Grossen und Kleinen Oase sowie in den Städten Su, Wenes, Oxyrynchos und Cynopolis und schliesslich die Vertreibung (?) der Einwohner von Hypselis und Ombos:[245]

> Sie sehen Seth, wie er hingestürzt ist,
> des Landes beraubt an allen seinen Stätten:
>
> Su jammert, Wenes ist in Trauer,
> Wehklage durchzieht Oxyrynchos,
> die grosse Oase und die Oase Desdes rufen Wehe,
> Unheil läuft in ihrem Innern.
>
> Cynopolis wehklagt, nicht ist sein Herr in seinem Innern,
> Hypselis ist eine öde Stätte, Ombos ist niedergerissen,
> ihre Häuser sind zerstört, alle ihre Einwohner sind nicht.
>
> Nicht ist ihr Herr, nicht ist der welcher Rebellion plante,
> denn er ist in seine Haft gefallen.

Haben die Gegner des Seth seine Verehrer in Sippenhaft genommen? Hat auch Echnaton die Einwohner des 4. oberägyptischen Gaues seinen Zorn über ihren Gott Amana spüren lassen? Haben die Einwohner der Thebais den Angriff auf Amana und seine göttlichen Genossinnen einfach hingenommen oder sich zur Wehr gesetzt?

Vielleicht kann man sich das dem Amana und seinen Genossen zugedachte Schicksal so ähnlich vorstellen, wie das Los von Marduk, des Hauptgottes von Babylon, nach der Zerstörung seiner Stadt durch die Assyrer im Jahr 689 v. Chr.: „... the author of the Assyrian Marduk Ordeal comments upon Meslamta'ea, a name of the god of the netherworld: *Meslamta'ea is Marduk who goes up and down to the netherworld because Aššur [Hauptgott der Assyrer] chased him into the hole and opened its gate (from time to time, allowing him to come up)."*[246]

Unterschiede zwischen Aton-Religion und Jahweh-Religion

Wegen der Ausrichtung des Kultes auf Aton als einzig welterschaffenden Gott durfte Freud eine Verwandtschaft zwischen Echnatons Sonnenreligion und der jüdischen Jahweh-Religion vermuten. Bei näherer Betrachtung zeigt sich jedoch, dass Echnaton den

---

[244] Vandier 1961, XVII 10–11.
[245] Schott 1929, 14–15.
[246] Schaudig 2012, 131.

Sonnengott zwar in exklusiver Weise in der eigens für den Gott erbauten Stadt Amarna verehrte, gleichzeitig aber ausserhalb der Thebais und der Stadt Elkab die Kulte der anderen Götter Ägyptens nicht störte. Als Freud den mosaischen Monotheismus aus einem Monotheismus Echnatons ableiten wollte, da ist er von einer geschichtlich nicht existierenden Voraussetzung ausgegangen.

Form und Inhalt der von Freud verglichenen Religionen weisen kaum Ähnlichkeiten auf. Eine Auflistung von Unterschieden stammt von dem Donald B. Redford, der in den 1970er und 80er Jahren die westliche Hälfte des thebanischen Atontempels aufgedeckt hat. Kurz und bündig stellt Redford als einen grundlegenden Unterschied heraus: Echnatons Gott ist zwar der Weltschöpfer, vor allem aber ist er der Sonnengott – dagegen ist der biblische Gott Jahweh zwar Weltschöpfer, doch kein Sonnengott. Aton ist in erster Linie eine Art himmlischer König, während Jahwehs königliche Eigenschaften sekundär sind.

Ferner erscheint der Sonnengott Aton immer zusammen mit seinem *Sohn* Echnaton; dagegen gibt es keinen irdischen Halbgott als Stellvertreter Jahwehs auf Erden. Ein Jude führt ein gottgefälliges Leben, wenn er sich ethisch verhält und Jahwehs Gesetz (Reinheitsgebote) beachtet. Die Grundlage von Echnatons Ideologie ist die vom König aufrecht erhaltene richtige soziale Ordnung und – wie Hari sagte:[247] „en dehors des pratiques simples et visibles des offrandes dans le Grand Temple, un voile opaque couvre ce qui pourrait constituer les interdits, des tabous, des règles."

Angesichts der Unterschiede kann man nicht daran denken, dass sich hinter dem von Moses gepredigten biblischen Gott Echnatons Sonnengott verbirgt.

Über eine Besonderheit, in der sich Echnatons Gott und der biblische Gott unterscheiden, hat sich Redford ausführlicher geäussert. Die ägyptischen Götter achten auf den Menschen, der sie anruft:[248] „Amun ... is called *he that hears the prayer of him that calls on him ... the champion of the living ... the avenger of the weak .... the vizier of the poor man ...*". In dieser sozialen Fürsorge, die auch den biblischen Gott auszeichnet, sieht Redford ganz richtig ein hervorstechendes Merkmal ägyptischer Götter im allgemeinen – ein Merkmal, das bei Echnatons Sonnengott fehlt.

In Redfords Augen war Echnatons Religion ein steriler Staatskult, der dazu diente den absoluten Herrschaftsanspruch des Königs ideologisch zu untermauern. Auch wenn in Redfords Urteil mehr als ein Körnchen Wahrheit steckt, so muss man doch auch beachten, dass dieser Staatskult nicht unpersönlich war, denn im Zentrum stand Echnaton als halbgöttlicher König und Mittler zwischen dem Weltschöpfer und den Menschen. Wenn man den als offiziell zu verstehenden Bildern und Texten in den Gräbern der hohen Beamten in Amarna Glauben schenken wollte, dann hätten sich die Beamten und ihre Familien in einer persönlichen Weise an Echnaton als König und Mittler zum Sonnengott gebunden gefühlt. Reliefs und Begleittexte lassen nicht erken-

---

[247] Hari 1984, 1039.
[248] Redford 1987, 30.

nen, ob es sich um einen amtlich verordneten Personenkult handelte, wie aus modernen Diktaturen bekannt – oder um eine Verehrung, wie man sie beispielsweise dem Dalai Lama entgegen brachte.

Vergleichsweise gründet die biblische Religion auf der Beziehung zwischen Gott und vor allem den einzelnen Männern der jüdischen Gemeinde, ohne einen dazwischenstehenden Mittler dessen Rang alle anderen überragt und der zusammen mit seiner Hauptgemahlin den Anspruch auf einen Grad von Göttlichkeit erhebt.

Was auch immer die Ägyptologen im letzten halben Jahrhundert über Echnaton und seinen Sonnenkult herausgefunden (zu) haben (glauben) – Freud hat davon nichts geahnt und konnte die tatsächlichen religionsgeschichtlichen Sachverhalte nicht berücksichtigen.

V

Jahweh als midianitischer Vulkangott?

Der Faden ist gerissen, den Freud zwischen dem biblischen Moses und Pharao Echnaton knüpfen wollte, weil der von Moses verkündete Gott kein Sonnengott war, wie Echnatons Aton. Freud war sich durchaus bewusst, dass diese Situation gegen seine These sprach, konnte aber dem bedenklichen Befund nur ein doppeltes *vielleicht* entgegenstellen:[249] „Vielleicht waren die Vorschriften, die dieser Mann Moses seinen Juden gab, noch schroffer als die seines Herrn und Lehrers [Echnaton], vielleicht gab er auch die Anlehnung an den Sonnengott von On [Heliopolis] auf, an der dieser noch festgehalten hatte". Auf den Punkt gebracht, bedeuten die Zugeständnisse Freuds, dass Moses den Juden weder die Lehren Echnatons übermittelt noch den Gott Echnatons gepredigt hat.

Ein zusätzliches Problem ergab sich für Freud aus der These des von ihm zu Recht hochgeschätzten Historikers Eduard Meyer, der biblische Moses hätte einen midianitischen Vulkangott namens Jahweh verehrt.[250] Meyer ging aus von der Beschreibung im 2. Buch Moses 19, 16–19, wie der Berg Sinai ganz in Rauch stand und stark erbebte, als Jahweh im Feuer auf ihn herabfuhr. Hätte Meyer recht gehabt, dann wäre Jahweh als Vulkangott nicht auf der Halbinsel Sinai zuhause, wo es nie Vulkane gegeben hat,[251] sondern weit entfernt in Midian, östlich des Golfes von Akaba, dort wo der Flüchtling Moses die Schafe seines midianitischen Schwiegervaters hütete. Wenn nicht in Midian selbst, dann weiter südlich in den Harrat-Landschaften, gab und gibt es es Vulkane von denen Meyer vermutete, dass ihre schreckenerregenden Ausbrüche bei den miterlebenden Menschen die Verehrung eines Vulkangottes ausgelöst hätten.

Wenn ich eine Bemerkung des Alttestamentlers Hugo Gressmann richtig verstehe, dann war es Charles Tilstone Beke, unter anderem Bibelkritiker und geographischer Forschungsreisender, „der die Vulkantheorie zuerst aufgestellt hat".[252] Beke kam von seiner Idee wieder ab; 1874 fand er den biblischen Gottesberg in einem nicht-vulkanischen Berg in Midian.[253] Aber Alois Musil – der österreichische T. E. Lawrence – identifizierte noch 1911 den Vulkan Hala' al-Bedr mit dem biblischen Gottesberg.[254] Der

---

[249] Freud 1950, 163, ähnlich 148.
[250] Meyer 1906, 69.
[251] Geologisch schlecht informiert schreibt Breasted 1933, 350–351: „Yahveh was a local volcano god, who had his localised seat in Mount Sinai."
[252] Gressmann 1913, 418 Anm. 7, mit Verweis auf The Late Dr. Charles Beke's Discoveries of Sinai in Arabia and of Midian, edited by his widow (London 1878) 78 n. 1.
[253] Charles Beke, Letter to the Editor, The Times (London), Friday, Feb 27, 1874, pg. 10, Issue 27939. – Emily Beke, Letter to the Editor, The Times (London), Thursday, March 5, 1874, pg. 7, Issue 27942.
[254] Musil 1911, 154.

Vulkanologe Maur Neumann van Padang schildert die weitere Entwicklung:[255] „Later (Musil) abandoned this view, when he identified the town of Midian near the Gulf of 'Aqaba far away from volcanic regions;[256] for according to Exodus, Mount Horeb was near the centre of Midian. New Studies of von Wissmann show that there has been a second and much more important town called Midian, near the ruins of er-Rowâfa, which is at the foot of Harrat er-Rahâ.[257] So the probability becomes greater that an eruption here stimulated the theophany. For entirely different reasons, also Noth,[258] dealing with Numbers 33, comes to the conclusion that Mount Horeb (Sinai) was located in the western part of Harrat er-Rahâ."

So stellen sich einem Vulkanologen die Dinge dar, dagegen schrieb der Alttestamentler Ernst Axel Knauf Ende der 1980er Jahre in seiner Habilitationsschrift:[259] Die „vulkanische Hypothese über die Ursprünge des Jahweglaubens (ist) weder vom geographischen, noch vom religionsgeschichtlichen, noch vom literarischen Befund her zu halten. ... Schliesslich sind die biblischen Texte überinterpretiert oder schlicht missverstanden, wenn man ihnen einen ursprünglich ‚vulkanischen' Jahwe entnehmen will. Von Ex. 19, 18 *Der Berg Sinai war ganz in Rauch gehüllt [, weil Jahwe im Feuer auf ihn herabgekommen war]. Der Rauch stieg auf wie der Rauch eines Schmelzofens. Der ganze Berg erbebte heftig* müsste erst noch erwiesen werden, dass die Sätze auf Tradition – und nicht auf die Phantasie eines Exegeten zurückgehen; jetzt stehen sie im Rahmen eines redaktionellen Kompilats, in dem Züge einer ‚Gewittertheophanie' mit Elementen einer *Vulkantheophanie* kombiniert sind, um sowohl Gewitter wie Vulkanausbruch als Manifestationen unüberbietbarer Naturgewalt zu transzendieren, wie Gewitter ja keine Posaunenkonzerte zu sein pflegen (vgl. Ex. 19, 16.19)."

Phantasie eines Exegeten? Wäre es da nicht konsequent Jahweh und alle anderen Götter – ausgenommen die gottlosen Selbstgötter[260] – auf Phantasien von Theologen zurückzuführen? Die neuzeitliche Suche nach dem Gottesberg ist gegenstandslos, wenn Wüstenwanderung und Sinai-Offenbarung literarische Fiktionen sind. Selbst wenn die biblischen Dichter den Gottesberg mit einem bestimmten Berg gleichsetzen wollten – sei es auf der Sinai-Halbinsel, sei es in Nordwestarabien – wie hätte ihnen das gelingen sollen unter damaligen Umständen, ohne Landkarten oder Wegbeschreibungen oder eigene Erkundungsreisen? Die biblischen Dichter hatten keinen Bedarf an einem topographisch bestimmten Berg, denn ihre Leser waren mit geographisch unbestimmten Angaben zufrieden. Der *Jahwist* genannte biblische Dichter sprach von einem Berg namens *Sinai*, sein jüngerer und *Elohist* genannter Kollege verzichtete auf einen bestimmten Namen und sprach vom *Berg (har) Gottes (ha-ælohim)*; der noch

---

[255] Neumann 1963, 3,1–1.
[256] Für antike und arabische Belege siehe Musil 1926, 278–282.
[257] Wissmann 1970, 525–552.
[258] Noth 1940, 5–28.
[259] Knauf 1988, 57–60.
[260] Heine 1982, 39; in der französischen Version der *Geständnisse* von 1854 steht *dieux bipèdes* für *gottlose Selbstgötter*, siehe Heine 1982, 148.

jüngere *Deuteronomist* erfand den neuen Namen *Horeb (Ödland, Wüstengebiet ?)*.[261] Es waren frühe Christen, die den Gottesberg Sinai auf der später nach dem Berg genannten Halbinsel gesucht und gefunden haben.[262]

Wenn es in der Bibel heisst, wie am dritten Tag nach Ankunft der Kinder Israel am *Sinai/Berg Gottes*, als es Morgen ward, Donner und Blitze losbrachen, und eine schwere Wolke auf dem Berg lag, und gar mächtiger Hörnerschall ertönte (*die Stimme des Schofar ertönte lang und immer lauter*, Exodus 19, 19), dann handelte es sich um eine von furchterregendem Gewitter, aber auch von Widderhorn-Musik angekündigte Erscheinung Gottes.[263] Eduard Meyer hat den vom biblischen Dichter ersonnenen Theaterdonner samt Bühnenmusik für bare Münze genommen und in naiver Weise als Beschreibung eines Vulkanausbruchs gedeutet.

Freud wiederum folgte Meyers Interpretation ohne Vorbehalt und äusserte eine darüber hinaus gehende eigene Vermutung über die Verwandtschaft des vulkanischen Jahweh mit dem römischen Iovis:[264] „Jahve war unzweifelhaft ein Vulkangott. Für Einwohner Ägyptens bestand kein Anlass ihn zu verehren. Ich bin gewiss nicht der erste, der von dem Gleichklang des Namens *Jahve* mit der Wurzel des anderen Götternamens Ju-piter (Jovis) betroffen wird. Der mit der Abkürzung des hebräischen Jahve zusammengesetzte Name *Jochanaan* (etwa Gotthold, punisches Äquivalent: Hannibal) ist in den Formen Johann, John, Jean, Juan, der beliebteste Vorname der europäischen Christenheit geworden. Wenn die Italiener ihn als *Giovanni* wiedergeben und dann einen Tag der Woche *Giovedi* heissen, so bringen sie eine Ähnlichkeit wieder ans Licht, die möglicherweise nichts, vielleicht sehr viel bedeutet."

Die Rede ist von Iuppiter und Iovis, denn ein *j/J* gab es im römischen Alphabet nicht. Hätte sich Freud für Indogermanistik interessiert, hätte er gewusst, dass der Name Iuppiter nichts anderes ist als die lateinische Form des proto-indo-europäischen **dyeuspətar* oder *Himmel-Vater*.[265] Die Form Iuppiter setzt das aus älterem lateinischen *Diovis* hervorgegangene *Iovis* voraus, bei dem das anlautende *d* in der Aussprache abgefallen ist. Das anlautende *d* blieb aber immer erhalten in den lateinischen Formen *Dius* und *Diespiter*, die sich sprachlich und begrifflich mit *Diovis* und *Diovis pater* decken.[266]

Auf dem Weg vom Lateinischen zum Italienischen wandelte sich die Aussprache von Iovis zu Giove; der gleiche lautliche Vorgang hat beispielsweise Giulia aus Iulia erzeugt. Freud erkennt zu recht im lateinischen *Iovis dies* die Vorlage für italienisches *Giove-di*. Im Anschluss daran hält er es für möglich, dass die Ähnlichkeit zwischen Giove < Iovis

---

[261] Graupner 2016, 13–22.
[262] Gressmann 1913, 412 Anm. 3, mit Verweisen auf *Beke's Discoveries* (*1878*) 27.
[263] Buttrick 1962, 473: „It is hardly possible to consider the shôpar a musical instrument. ... the function ... was to make noise".
[264] Freud 1950, 146 Anm. 1. – Siehe auch Zweig an Freud, 6. September 1936, in Freud 1968a, 156: „Sprachvergleichung ..., die die Identität von Jahwe und Jovis aus Sprachgründen beweist ...".
[265] Mallory 1989, 128–129.
[266] Wissowa 1902, 100.

und Giovanni < Jochanaan nicht zufällig ist, sondern eine Wurzelverwandtschaft zwischen Iovis und Jahweh wieder ans Licht bringt. Aus seinem Verweis auf Giove-di schliesse ich, dass er Giovanni als Giov-anni versteht. Aber die ältere Form lautet Gioanne;[267] der Labiodental v in Giovanne ist eine Aussprachehilfe.

Das Italienische ist nicht die einzige Sprache, die den Namen des Täufers durch einen Labiodental erweitert, siehe Ivan (Иван) im Russischen und ähnlich in anderen slavischen Sprachen, aber auch Iwan, Iván im Gallizischen und Spanischen.[268] Standardmässig lautete der Name des Täufers bei den griechischen Christen Ἰωάννης (Ioannes), bei den lateinischen Iohannes. Die hebräische Form lautet יוֹחָנָן, umschrieben Yôḥānān.

Vor Jahren habe ich im Hebräisch-Unterricht den Lehrer vergeblich gefragt, ob er eine Erklärung für die Form *Jochanaan* in Oscar Wildes Salomé wüsste. Freud zitiert diese Form; doch während er kaum Wildes Text gelesen hat, kann er die Strauss-Oper gehört und *Jochanaan* für gut Hebräisch gehalten haben. Wilde seinerseits liess sich von Flaubert anregen, der in der Novelle *Hérodias* (1877) den Täufer *Iaokanann* nannte.[269] Die von Freud gesehene Ähnlichkeit scheint also nichts zu bedeuten.

Für Freud aber „... eröffnen sich hier weitreichende, aber auch sehr unsichere Perspektiven. Es scheint, dass die Länder um das östliche Becken des Mittelmeeres in jenen dunkeln, der Geschichtsforschung kaum eröffneten Jahrhunderten der Schauplatz häufiger und heftiger vulkanischer Ausbrüche waren, die den Umwohnern den stärksten Eindruck machen mussten. Evans nimmt an, dass auch die endgültige Zerstörung des *Minos*-Palastes in *Knossos* die Folge eines Erdbebens war. Auf Kreta wurde damals, wie wahrscheinlich allgemein in der ägäischen Welt, die grosse Muttergottheit verehrt. Die Wahrnehmung, dass sie nicht imstande war, ihr Haus gegen die Angriffe einer stärkeren Macht zu schützen, mag dazu beigetragen haben, dass sie einer männlichen Gottheit den Platz räumen musste, und dann hatte der Vulkangott das erste Anrecht darauf, sie zu ersetzen. *Zeus* ist ja immer noch der „Erderschütterer". Es ist wenig zweifelhaft, dass sich in jenen dunklen Zeiten die Ablösung der Muttergottheiten durch männliche Götter vollzog. ...."

Sollte es einen Vulkangott gegeben haben, der bei den Hebräern Jahweh hiess, bei den Lateinern Iovis? Im obigen Freud-Zitat ist aber nicht die Rede von Iovis und Jahweh, sondern von Zeus, vermutlich als griechische Entsprechung zum römischen Iovis und auf diese Weise auch zu Jahweh. Aber der Verweis auf Zeus ist ein *slip of the pen*. Als Himmelsgott heisst Zeus der *Wolkensammler* und es ist vielmehr sein Bruder Poseidon, der *Erderschütterer* (Σεισίχθων) heisst. Poseidon war kein Vulkangott und – wenn ich

---

[267] Vitale 1987, 515 n. 20: Io dico et ratifico che Gioanne non Giovanni dir et scrivere si deve (Achillini in 1536).
[268] Siehe *por ejemplo* Ivan, gespielt von Fernando Guillén, in Pedro Almodóvar, *Mujeres al borde de un ataque de nervios* (1987).
[269] Siehe dazu die sehr fein gesponnene Untersuchung von Scrogham 1998, 775–784.

mich nicht täusche – reisst Freuds Gedankenkette an dieser Stelle. Und über die Ablösung der europäischen Muttergottheit durch männliche Götter – ohne begleitende Vulkanausbrüche – könnte Freud heute bei Marija Gimbutas nachlesen.

Vor Freud ist der Anklang von Jahweh an Iovis/Jovis beispielsweise Volney 1791,[270] Vatke 1835[271] und Müller 1872[272] aufgefallen. Volney spekulierte auf der Basis von philosophierenden antiken Äusserungen, während sich bei Vatke und Müller die junge Indogermanistik bemerkbar machte. Vergessen ist der Ansatz heute nicht, wird aber wenig geschätzt. Beispielsweise schrieb D. N. Freedman in einem ThWAT-Artikel über den biblischen Gottesnamen:[273] „ausgelassen werden exzentrische Theorien, wie z. B. die Herleitung aus der indogermanischen Wurzel djā, die in den Namen Zeus und Juppiter vorliegt ... die Theorie wurde von D. Broadribb, Biblia Revuo 6, 1970, 162f erneuert." Bisher sind weder Herkunft noch Bedeutung des Namens *JHWH* zufriedenstellend erklärt.[274] Das Problem kann auf sich beruhen bleiben, weil die geschichtliche Bedeutung, die *JHWH* erlangt hat, von seinem Namen unabhängig ist.

Moses als midianitischer Hirt?

Meyer deutete nicht nur den biblischen Gott Jahweh, Schöpfer von Himmel und Erde, als midianitischen Vulkangott, ähnlich wollte er aus Moses einen midianitischen Hirten machen. Denn aus den biblischen Erzählungen, wie sich die Kinder Israel unter Moses Führung vorübergehend auf Sinai aufhielten, meinte Meyer herauslesen zu können, Moses habe die hebräischen Stämme im Namen des Gottes Jahweh in einem Kultverband geeinigt.[275] Und weil einige der Moses-Sagen in der Oase Kadesch-Barnea handeln, sollte Moses nach Meyer sein politisch-religiöses Werk eben dort vollbracht haben.[276] In Moses, wie er aus den biblischen Sagen erschliessbar ist, erkannte Meyer einen Schafhirten und Schwiegersohn eines midianitischen Priesters.

Von einer ägyptischen Heimat des in Kadesch Barnea wirkenden Moses wollte Meyer nichts wissen. Er begründete seine allzu sicher vorgetragene Auffassung damit, dass Moses in Midian nicht als ein Ägypter und Enkel des Pharao auftritt, sondern als ein Hirt, dem sich Jahweh offenbart. Daher hielt Meyer die Erzählungen von der ägyptischen Herkunft des Mannes Moses für eine geschichtlich falsche Einfügung in die Sagen über die hebräischen Stämme und ihren Gott Jahweh; gleiches sollte für die Sage gelten, wie Moses mit einer Gruppe von Hebräern aus Ägypten flüchtete. Denn – so argumentierte Meyer – in den biblischen Erzählungen über die Plagen, die Moses als

---

[270] Volney 1791, 393–397.
[271] Vatke 1835, 672–673.
[272] Müller 1872, 163–164.
[273] Freedman/O'Connor 1982, 548.
[274] Eine systematische Behandlung der Problematik bietet Kinyongo 1970.
[275] Vermutlich dachte Meyer an ein unzeitgemässes Vorbild, nämlich die politische Einigung der arabischen Stämme durch den Propheten (sein Name sei gepriesen).
[276] Meyer 1906, 72.

Sendbote Jahwehs über Ägypten verhängt, ist keine Rede von den alten Beziehungen zwischen Moses und Ägypten, „so leicht sie sich effektvoll hätten verwerten lassen, und der Befehl, die israelitischen Knaben zu töten, ist vollkommen vergessen".[277]

Meyers Buch ist vor über einem Jahrhundert entstanden. In jenen Jahren war Altägypten archäologisch soweit erforscht, dass ein religiös ungebundener Historiker wie Eduard Meyer von der Ungeschichtlichkeit des Ägypten-Aufenthaltes der Kinder Israel ausgehen durfte. Allerdings wollte er eine Art von geschichtlichem Kern in der biblischen Erzählung akzeptieren, weil asiatische Nomadenstämme nachweislich dann und wann in den Grenzgebieten Ägyptens siedelten.[278] Meyer machte aber einen scharfen Unterschied, ob die biblische Erzählung in ihrem Kern ursprünglich an den Israeliten haftete oder ob sie von irgendeinem Nomaden-Stamm auf die Israeliten übertragen ist:[279] „Was wir jetzt im Alten Testament davon lesen, kann für historische Tatsachen nicht mehr beweisen, als wenn etwa bei den griechischen Historikern die Ahnen der Griechen aus Lydien und Ägypten kommen oder Pelasger gewesen sein sollen, oder wenn in den römischen Annalen die Römer aus Troja stammen."Oder wenn die Vorfahren der französischen Könige aus dem brennenden Troja flüchteten.

Wäre Meyer konsequent gewesen, so hätte er auch jene biblischen Erzählungen über die Kinder Israel, die auf der Halbinsel Sinai und im Anschluss an den Auszug aus Ägypten spielen, als ungeschichtlich beiseite lassen können. Aber er war inkonsequent und kaprizierte sich auf die Erzählungen über die Kinder Israel auf Sinai als geschichtliche Kunde. Meyer wähnte wohl den historischen Moses in den Griff zu bekommen, wenn er nur bei solchen Sagen einen geschichtlichen Kern zugestand, in denen Moses an einem geographisch bestimmten Ort handelte. Aber aus heutiger historisch-archäologischer Sicht gibt es keinen triftigen Grund, die in Kadesch Barnea handelnden biblischen Moses-Erzählungen für weniger erfunden zu halten als die anderen, nicht an einen bestimmten Platz gebundenen Erzählungen über Moses als Führer der Kinder Israel.

Vielleicht hofften die modernen israelischen Archäologen die Spuren ihrer biblischen Vorfahren zu finden, als sie nach dem Suez-Krieg von 1956 (auf israelischer Seite *Operation Kadesh* genannt) und vor allem nach dem Sechs-Tage-Krieg von 1967 die Halbinsel Sinai gründlich erforschten. Dabei kamen weder im zentralen noch gar im südlichen Hochgebirgs-Sinai Spuren menschlicher Anwesenheit aus eben jenen Jahrhunderten zutage, in denen die Kinder Israel angeblich in diesen Gegenden wanderten. In der Oase Kadesch Barnea, wo die Kinder Israel laut biblischer Erzählung länger lagerten oder wo laut Eduard Meyer Moses wirkte, entdeckte Mosche Dothan 1956 einen

---

[277] Meyer 1906, 47.
[278] Meyer 1906, 49–50.
[279] Meyer 1906, 50.

kleinen Ruinenhügel,[280] den Rudolph Cohen Ende der 70er Jahre vollständig ausgegraben hat.[281] Nach Cohen enthält der Hügel die Überreste von Festungsbauten aus der Zeit vom 10. bis ins 7./6. Jahrhundert vor Christus. Die Ausgrabung hat keine Hinweise auf frühere Oasenbewohner zutage gefördert, auch nicht in der Form von verstreuten Gefässcherben.

Es gibt keine archäologischen Belege für die in der Bibel erzählte phantastische Wüstenwanderung der Kinder Israel. Die Einwanderung ins Verheissene Land als erzählerische Fortsetzung der Wüstenwanderung ist fiktiv, denn wie seit den 1930er Jahren archäologisch nach und nach klargestellt, existierten die angeblich von den einwandernden Kinder Israel eroberten Städte wie Ai, Jericho und Hesbon nicht mehr oder noch nicht in den Jahrhunderten in denen die Einwanderung stattgefunden haben müsste, wenn sie denn stattgefunden hätte.[282]

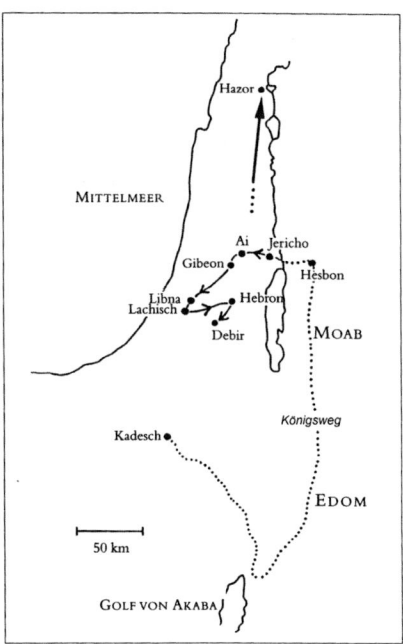

Abb. 22: Wanderweg (= ...) und cisjordanischer Eroberungszug (= →) der Israeliten; nach Krauss 2000, Fig. 31

Während die Ägyptologen zu Freuds Zeit mit Bestimmtheit sagen konnten, dass die Kinder Israel zu keiner Zeit in Ägypten weilten, war die archäologische Situation im Heiligen Land noch nicht geklärt. 1926 beschrieb der Ausgräber Watzinger das Jericho

---

[280] Dothan 1965, 134–151.
[281] Cohen 2007.
[282] Siehe die Zusammenfassung in: Krauss 2000b, 209–239; idem 2001, 226–262.

der Zeit, in der Josua gelebt haben sollte, als eine armselige Trümmerstätte, *auf der vielleicht noch vereinzelte Hütten standen.*[283] Mit dem biblischen Bericht über die Eroberung einer mauerumwallten Stadt liess sich das nicht vereinbaren. Seit den Ausgrabungen von Kathleen Kenyon in den 1950er Jahren ist allgemein akzeptiert, dass es in den Jahrhunderten, in denen Josua gelebt haben soll, keine kanaanäische Stadt Jericho gegeben hat, die irgendwer hätte erobern können. In Ai wurde zwischen 1930 und 1936 gegraben. In Ai existierte eine Stadt im 3. Jahrtausend v. Chr., aber im ganzen 2. Jahrtausend v. Chr. gab es dort keine Stadt, die irgendwer hätte erobern können. In Hesbon fanden seit Ende der 1960er Jahre Ausgrabungen statt: Als die Israeliten angeblich in Kanaan einwanderten und die königliche Stadt Hesbon eroberten, gab es an der Stelle des späteren Hesbon noch keine menschliche Ansiedlung.

Kein Wunder also, wenn es auch nach 200 Jahren ägyptologischer Forschung keine Spuren vom Aufenthalt der Kinder Israel in Ägypten gibt: Sind die Kinder Israel nicht in der Wüste gewandert und haben sie das Verheissene Land nicht erobert, so folgt im Rückschluss, dass es keinen Auszug *aus* und keinen vorherigen Aufenthalt *in* Ägypten gab. Was die Bibel über die Wanderungen der Kinder Israel erzählt ist eine literarische Fiktion, wie jeder mit gesundem Menschenverstand begabte Leser sich hätte denken können. Unter diesen Voraussetzungen ist die von Gewitter und Musik begleitete Religionsstiftung am Sinai eine Fiktion; Moses, der Führer beim Auszug und Vermittler des Bundes mit Jahweh ist eine literarische Fiktion. Freud aber behandelte in seinem Buch über den Mann Moses die literarische Moses-Fiktion wie eine ernsthafte geschichtliche Realität.

---

[283] Watzinger 1926, 135.

VI

Moses und der Freudsche Mord am Urvater

Unter der unausgesprochenen Tendenz die biblische Religion zu verkleinern und verächtlich zu machen hat Meyer – bekanntlich kein Freund von Religion – den midianitischen Hirten Moses und den midianitischen Vulkangott Jahweh mit Hilfe einer rationalisierenden Methode aus den fingierten Erzählungen in der Bibel abgeleitet. Die biblischen Dichter sind blamiert, Meyer aber ist doppelt blamiert. Freud durchschaute Meyers Voreingenommenheit nicht und wollte sich seinen Argumenten nicht verschliessen:[284] „Wir können den Eindruck nicht bestreiten, dieser Moses von Kadesch und Midian, dem die Tradition selbst die Aufrichtung einer ehernen Schlange als Heilgott zuschreiben durfte, ist ein ganz anderer als der von uns erschlossene grossherrliche Ägypter, der dem Volk eine Religion eröffnete, in der alle Magie und Zauberei aufs strengste verpönt war. Unser ägyptischer Moses ist vom midianitischen Moses vielleicht nicht weniger verschieden als der universelle Gott Aton von dem auf dem Götterberg hausenden Dämon Jahweh. Und wenn wir den Ermittlungen der neueren Historiker irgendein Mass von Glauben schenken, müssen wir uns eingestehen, dass der Faden, den wir von der Annahme her spinnen wollten, Moses sei ein Ägypter gewesen, nun zum zweiten Mal gerissen ist. Diesmal, wie es scheint, ohne Hoffnung auf Wiederanknüpfung."

So formuliert ein Autor, der bereits weiss, wie er die Wiederanknüpfung bewerkstelligen will: Zwar lässt Freud den ägyptischen Moses, zusammen mit seinem für den Glauben an Echnatons Gott gewonnenen Gefolge von Hebräern, das Land Ägypten verlassen. Aber Freud lässt Moses nicht weit kommen, denn bald sollen die hebräischen Gefolgsleute den grossen Führer erschlagen haben, weil der tyrannische Prophet sie mit seiner neuen Lehre überforderte.

Mit dem Totschlag geht der von Freud ausgedachte Roman nicht zu Ende, denn zwei oder drei Generationen nach Moses Tod sollen sich die Enkel und Urenkel seiner Gefolgsleute stammverwandten Gruppen zugesellt haben, die ein midianitischer Hirt zu jener Zeit im Namen des Gottes Jahweh in einem politisch-religiösen Kultverband einigte. Die Nachkommen der Moses-Schar hätten sich dem neuen Kultverband unter Vorbehalten angeschlossen: Dem einen Partner lag nur daran, die Neuheit und Fremdheit des Gottes Jahweh zu verleugnen, der andere wollte ihm teure Erinnerungen an die Befreiung aus Ägypten und an die grossartige Gestalt des Führers Moses nicht preisgeben. Freud malte sich aus, wie in Erzählungen späterer Zeiten Person und Taten des ägyptischen Moses mit denen des midianitischen Hirten verschmolzen, wobei die Erzähler den Namen des Ägypters auf den Midianiter übertrugen. Durch diese Konstruktion vereinigte Freud die These des von ihm hochgeschätzten Eduard Meyer, über

---

[284] Freud 1950, 135.

Moses als midianitischen Hirten, mit seiner eigenen These über Moses als Jünger Echnatons.

Was den für die Konstruktion erforderlichen Totschlag an Moses anging, so berief sich Freud auf den Alttestamentler Ernst Sellin, der in einem 1922 erschienenen Buch zu beweisen suchte, Moses sei von seinen Gefolgsleuten erschlagen worden.[285] Sellins Idee mag Freud um so sympathischer vorgekommen sein, da er sie bereits kannte als „merkwürdigerweise auch vom jungen Goethe ohne jeden Beweis angenommene Tötung des Moses durch sein Judenvolk".[286]

Goethe hat Moses für einen politisch unfähigen Führer gehalten, weil die Bibel ihn schildert, wie er jahrzehntelang mit dem Volk Israel durch die Wüste irrt, statt den Angriff auf das Land Kanaan zu wagen. Laut Goethe verschwand Moses am Ende der Wüstenwanderung,[287] „wie Aaron verschwunden war, und wir müssten uns sehr irren, wenn nicht Josua und Kaleb die seit einigen Jahren ertragene Regentschaft eines beschränkten Mannes zu endigen und ihn so vielen Unglücklichen, die er vorausgeschickt, nachzusenden für gut befunden hätten, um der Sache ein Ende zu machen und mit Ernst sich in den Besitz des ganzen rechten Jordanufers und des darin gelegenen Landes zu setzen".

In der Tat hätte das in der Bibel berichtete wiederholte Murren der Kinder Israel gegen Gott und seinen Propheten zu einem für Moses fatalen Aufstand führen können und statt in der Lage zu sein, wiederholt das Abschlachten von Dissidenten anzuordnen, hätte Moses selbst eines gewaltsamen Todes sterben können. Mit Goethe und Sellin auf ein gewaltsames Ende des Mannes Moses zu schliessen, heisst aber auch, die biblischen Geschichten in ihrem Kern historisch ernst zu nehmen. Die Auseinandersetzungen zwischen Moses und seinen unwilligen Gefolgsleuten gehören jedoch in die mit Fleiss ausgedachten Erzählungen über das Widerstreben der Kinder Israel gegen Gottes Willen einerseits und Gottes Bestrafung der Widerstrebenden andererseits. Die Erfinder dieser religionspädagogisch fein ausgedachten Episoden hätten wohl den Kopf geschüttelt über das Ansinnen, Moses vom widersetzlichen Volk erschlagen zu lassen.

Sellin stellte sich auf einen anderen Standpunkt als Goethe. Er wollte den Mord an Moses aus Textstellen bei den biblischen Propheten herauslesen. Sellins Kollegen konnten ihm dabei nicht folgen, weil er die betreffenden Stellen mehr oder weniger gewaltsam umgedeutet hat. In ihrer 1956 vorgelegten Habilitationsschrift fasste die evangelische Theologin Eva Osswald das harte Urteil der Zunftgenossen über Sellins These zusammen. Sie sprach von dem Eindruck, dass Sellin mit einer vorgefassten Mei-

---

[285] Sellin 1922.
[286] Freud 1950, 195–196. – Es war nicht der junge, sondern der 47jährige Goethe, der 1797 mit der Arbeit an „Israel in der Wüste" angefangen hat, siehe Steiger 1984, 566–568, ferner Johann Mustafa Goethe 1998, 740.
[287] Goethe 1888, 165.

nung an die Texte heranging und um jeden Preis sowie mit Hilfe willkürlicher Änderungen aus dem Text herauszulesen versuchte, was er benötigte:[288] „Sellins Vorgehen kann kaum noch den Anspruch auf Wissenschaftlichkeit erheben, und sein Versuch nachzuweisen, dass Mose den Märtyrertod erlitten habe, ist als völlig verfehlt zu betrachten".

Freud hätte das gut begründete Urteil nicht brauchen können. Aber „von Yahuda, einem anderen grossen Gelehrten, der ihn 1938 besuchte",[289] hörte er die Behauptung, Sellin habe seine These zurückgezogen – worauf er „nur die Achseln zuckte und sagte: ‚Es könnte trotzdem wahr sein'".[290] Vermutlich war Yahuda bei seinem Besuch höflich und freundlich; Ernest Jones, der Berichterstatter, sagt nichts vom Gegenteil. Aber rund zwei Jahre nach dem Besuch äusserte sich Yahuda mit deutlichen Worten über Freud und den *Mann Moses*.

Prof. Yahuda challenges Freud Theory on Moses

New York, Dec. 19. (JTA)
Prof. Abraham S. E. Yahuda, London orientalist and biblical scholar, guest of honor at a luncheon of the Association of Reform Rabbis in New York City at the Taft Hotel yesterday challenged what he termed the „speculative and imaginary" theories about Moses and the origin of monotheism in Egypt which were advanced by Prof. Sigmund Freud shortly before his death a year ago.
Prof. Yahuda said that not only was Dr. Freud unqualified to advance any opinion on the subject, but he had blindly copied and followed certain theories of Egyptologists and biblical critics, particularly of the German theologian, Prof. Sellin, who later withdrew his own statements at the Congress of Orientalists at Leipzig.[291]

Jewish Telegraphic Agency, vol. VIII, No.12 (Friday Dec. 20. 1940)

---

[288] Osswald 1962, 188.
[289] Yahuda wohnte damals in 25, Elsworthy Road, London-Hampstead; Freud wohnte in seinen ersten drei Londoner Monaten in 39, Elsworthy Road. – Yahuda hat im Mai 1930 ein Exemplar von Yahuda 1930 der Universitätsbibliothek Heidelberg geschenkt; ein Einkleber nennt „Hampstead London" als seinen Wohnort.
[290] Jones 1962, 435.
[291] Yahuda kann nur den 1. Orientalistentag meinen, der 1921 in Leipzig stattfand und an dem Sellin teilgenommen hat. Bei einer kurzen Suche konnte ich nichts finden, worauf sich Yahudas Behauptung stützen könnte; Eva Osswald 1962, 182–188, weiss nichts davon. Ein Widerruf Sellins in 1921 wäre merkwürdig, denn sein Moses-Buch ist 1922 erschienen. Jones 1962, 435, schreibt, „Sellin habe später – manche sprechen von zehn, andere von sieben Jahren – seine Annahme zurückgezogen und sich dafür entschuldigt." Weitere Nachforschungen von Jones brachten kein Ergebnis.

Freud „unqualified"? .... *The kettle calling the pot black?* ... Für Jones war Yahuda ein „berühmter Bibelgelehrter";[292] für Fachleute war Yahuda ein Bibel-Apologet, der jüdisch-orthodoxe Ideen beweisen wollte.[293] Als Hebraist war Yahuda qualifiziert, aber er arbeitete – wie ein richtiger Apologet – mit Rhetorik und Verdrehungen (Tricks). Freud zitierte im *Mann Moses* Yahudas Buch *The language of the Pentateuch in its relation to Egyptian* (Oxford 1933). Gleichsam zustimmend und auf alle Fälle höflich, verwies Freud auf die „Angaben Yahudas über den ägyptischen Einfluss auf das frühjüdische Schrifttum".[294] Im allgemeinen haben die Rezensenten Yahudas Buch zerrissen;[295] mehrfach und zu recht musste Yahuda lesen, dass seine Kenntnisse der ägyptischen Sprache mangelhaft wären.

Was Freud für seine These brauchte, war ein gewaltsames Ende, ohne dass dabei die Erinnerung an den erschlagenen Moses verschwand, wenn auch die auf ihn übertragenen Sagen über den midianitischen Hirten die echten Erinnerungen verfälschten. In ähnlicher Weise soll der midianitische Jahweh-Kult den von Moses aus Ägypten importierten Aton-Kult überwuchert haben. Und doch – so meinte Freud –, sei die ägyptische Moses-Religion nicht spurlos untergegangen, „eine Art von Erinnerung an sie hatte sich erhalten, verdunkelt und entstellt, vielleicht bei einzelnen Mitgliedern der Priesterkaste durch alte Aufzeichnungen gestützt. Und diese Tradition einer grossen Vergangenheit war es, die aus dem Hintergrunde gleichsam zu wirken fortfuhr, allmählich immer mehr Macht über die Geister gewann ....".[296] Gott Jahweh war zu unverdienten Ehren gekommen, als man die Befreiungstat des Moses „auf seine Rechnung schrieb, aber er hatte für diese Usurpation schwer zu büssen. Der Schatten des Gottes, dessen Stelle er eingenommen, wurde stärker als er; am Ende der Entwicklung war hinter seinem Wesen das des vergessenen mosaischen Gottes zum Vorschein gekommen."[297]

Und jetzt endlich kam Freud auf das Thema zu sprechen, das ihn bewogen hat, die Untersuchung über die ägyptische Herkunft des Mannes Moses überhaupt in Angriff zu nehmen. In aller wissenschaftlichen Ernsthaftigkeit teilte er seinen Lesern mit, wie die Idee des einzigen Gottes, die Moses den von ihm auserwählten Hebräern brachte, nichts wirklich Neues gewesen wäre. Vielmehr hätte die Idee ein Geschehnis aus der menschlichen Urzeit wiederbelebt, das dem bewussten Gedächtnis der Menschen längst entschwunden war – und zwar den Mord am Urvater. Über die urzeitliche Mordgeschichte hat sich Freud bereits 1912 in seinem Buch *Totem und Tabu* ausgelassen.

---

[292] Jones 1962, 277.
[293] Zu Yahudas Publikationen siehe Beinlich-Seeber 1998, 1781: nos. 21357, 21359, 21360, 21362.
[294] Freud 1950, 138 n. 1.
[295] Die Rezensionen sind bibliographiert in Beinlich-Seeber 1998, 1781, nos. 21360 & 21362. – Gelesen habe ich die Rezensionen des Alttestamentlers Begrich (1929), des Semitisten Bergsträsser (1932), und der Ägyptologen Spiegelberg (1932) sowie Peet (1930).
[296] Freud 1950, 232.
[297] Freud 1950, 152.

Witzelnd und zugleich entschuldigend schrieb er 1938 einem Briefpartner:[298] „Einem alten Mann fällt nichts Neues mehr ein; es bleibt ihm nichts übrig, als sich zu wiederholen".

Darwins Überlegungen zur Ur-Familie

In seinem Buch von 1912 stützte sich Freud auf eine Modellüberlegung von Charles Darwin,[299] wonach „die Menschen ursprünglich in kleinen Horden lebten, eine jede unter der Gewaltherrschaft eines älteren Männchens, das sich alle Weibchen aneignete und die jungen Männer, auch seine eigenen Söhne, züchtigte oder beseitigte." In diesem Sinn zitierte Freud eine Stelle aus Darwins *Descent of Man* in der Übersetzung von Julius Victor Carus:[300] „Wenn wir daher im Strome der Zeit weit genug zurückblicken und nach den sozialen Gewohnheiten des Menschen, wie er jetzt existiert, schliessen, ist die wahrscheinlichste Ansicht die, dass der Mensch ursprünglich in kleinen Gesellschaften lebte, jeder Mann mit einer Frau oder, hatte er die Macht, mit mehreren, welche er eifersüchtig gegen alle anderen Männer verteidigte. Oder er mag kein soziales Tier gewesen sein und doch mit mehreren Frauen für sich allein gelebt haben wie der Gorilla; denn *„alle Eingeborenen stimmen darin überein, dass nur ein erwachsenes Männchen in einer Gruppe zu sehen ist. Wächst das junge Männchen heran, so findet ein Kampf um die Herrschaft statt, und der Stärkste setzt sich dann, indem er die anderen getötet oder vertrieben hat, als Oberhaupt der Gesellschaft fest"*[301] (Dr. Savage in Boston Journal of Natur. Hist. V., 1845 bis 1847). Die jüngeren Männchen, welche hiedurch ausgestossen sind und nun herumwandern, werden auch, wenn sie zuletzt beim Finden einer Gattin erfolgreich sind, die zu enge Inzucht innerhalb der Glieder einer und derselben Familie verhüten."

Der von Darwin zitierte Savage hielt sich während einer Reise am Gaboon River auf, [where he] „had been given the skeletal remains [of two or more gorillas] and told of its [the gorilla's] external appearance and habits".[302] Was Savage von Eingeborenen über das Verhalten der Gorillas hörte, hat sich falsch erwiesen. Die Ergebnisse der wissenschaftlichen Freilandbeobachtung lauten etwa:[303]

---

[298] Freud 1968b, 469; 31. Oktober 1938.
[299] Freud 1940, 152–153. – Zitat nach Freud 1950, 239.
[300] Freud 1940, 153 n. 1: Darwin 1875, 341. – Die an Savage anknüpfenden Überlegungen Darwins zum Gorilla finden sich zuerst in der auf September 1874 datierten 2nd edition von *Descent of Man*, siehe Darwin 1874.
[301] Darwin folgend setzte Carus die Schrägschrift-Passage zwischen Anführungszeichen; in Freud 1940, 153 ist die Stelle nicht als Zitat im Zitat gekennzeichnet. – Das Originalzitat steht bei Savage/Wyman 1845–47, 423. Das Zitat beginnt mit den Worten „My informants all agree ...".
[302] Groves 2003, 15–16.
[303] Watts 2003, 302–327.

Gorillas (low land and mountain gorillas) live in one-male and multiple-male groups, at times all-male groups or solitary males. – Most multi-male groups form when one or more natal males ('followers') stay as adults ... in most cases the males are related (e.g. fathers and sons, paternal and/or maternal brothers). – Males do not agressively take over groups and evict resident males. – Females transfer predominantly from larger to smaller groups ... transfer avoids incest – Many females in multi-male groups solicit matings with more than one male, and mate with subordinate males. – Dominant males often interrupt mating attempts by subordinates, except those involving their own presumed daughters.

Darwin hatte ein seltenes Pech als er sich auf das Hören-Sagen über Gorillas verliess und danach mögliche Anfänge der menschlichen Familie modellierte. Freud wiederum verliess sich auf Darwin und konstruierte auf der Basis von Atkinsons *Primal Law* eine andere Lösung des Darwins Urhorde inhärenten Konfliktes. Es war Andrew Lang – populärer Dichter, Schriftsteller, anerkannter Wissenschaftler –, der Atkinsons Text zusammen mit seinem eigenen Buch *Social origins* veröffentlichte.[304] In einer Rezension äusserte der Politologe/Politiker Henry Jones Ford über Lang und Atkinson:[305] „Mr. Lang performs an office of great value to science by the volumes which he issues at intervals setting forth and criticising the results of anthropological research. His own part of the present volume is a digest of this character, dealing principally with recent theories of the origin of totemism and of its relation to the exogamous divisions of tribal society. With those theories he connects a theory of the origin of society, propounded by his cousin, James Jasper Atkinson, now deceased, who lived long in New Caledonia. Native customs excited Mr. Atkinson's interest and let him to take up the study of anthropology, a fruit of which is the theory propounded in *Primal Law*. ... Although purporting to be an explanation of social origins, the work is really little more than a conjecture how exogamy and avoidance arose."

Atkinson hat Darwins Modell des unsozialen Gorillas auf unsere anthropoiden Vorfahren übertragen. Während der väterliche Tyrann seine heranwachsenden Söhne austreibt, behält er die Töchter als SexualpartnerInnen. Die Söhne kehren irgendwann zurück und überwältigen den Vater, (but not) „before his daughters have reached such an age as to have produced offspring to their father. This system of sequence of generation in breeding is, indeed, so universal in a state of nature amongst all animals, as to seem to point to the fact that inbreeding between father and daughter cannot be so prejudicial as some believe."[306] Anders als Darwin rechnete Atkinson nicht damit, dass die verjagten jungen Männchen auf eine weite Wanderschaft gegangen wären – „in common with the lower animals, the band of exiled young males of our anthropoid ancestor haunted the neighbourhood of the parent herd .... the constantly increasing

---

[304] Lang 1893. Das Buch erscheint nicht in Freud's Library 2006.
[305] Ford 1904, 840–843.
[306] Atkinson 1903, 223.

shadow of their presence would take sudden dreadful form, but in parricidal crime alone. *The sequel in disastrous incest, which Mr. Darwin would here conjecture at, Nature alone has ever been impotent to deal with"*.[307]

Atkinson erdachte einen Ausweg aus dem Teufelskreis von „ever-recurring violent succession to the solitary paternal tyrant, by sons whose parricidal hands were so soon again clenched in fratricidal strife."[308] Mutterliebe sprengte den Teufelskreis:[309] „At the renewed banishment of each of her male progeny by the jealous patriarch, the mother's feelings and instinct would be increasingly lacerated and outraged. Her agonised efforts to retain at least her last and youngest would be even stronger than with her first-born. It is exceedingly important to observe that her chances of success in this case would be much greater. When this last and dearest son approached adolescence, it is not difficult to perceive that the patriarch must have reached an age when the fire of desire may have become somewhat dull; whilst, again, his harem, from the presence of numerous adult daughters, would be increased to an extent that might have overtaxed his once more active powers."

Der alt und schwach gewordene Tyrann duldete den jüngsten Sohn: „in the march of the centuries, on some fateful day, the bloody tragedy in the last act of the familiar drama was avoided, and the edict of exile or death left unpronounced. Pure maternal love triumphed over the demons of lust and jealousy." Damit der Alte und der Junge in der gleichen Horde ohne Rivalität zusammen leben konnten, musste der Junge auf sexuelle Ansprüche gegenüber den Hordengenossinnen verzichten – eine Frau holte er aus einer anderen Horde. Soweit Atkinsons *conjecture*.

Aber für Freud ist es der Ödipus-Komplex der die Männer antreibt, so dass sie den Vater töten und die Mutter heiraten wollen. Mit Atkinsons *maternal love* als Triebfeder der Menschheitsgeschichte konnte er nichts anfangen. Als lediglich rhetorisches Zugeständnis an Atkinson formulierte er:[310] „Das Schicksal der Söhne war ein hartes .... eine Ausnahmestellung ergab sich aus natürlichen Gründen für die jüngsten Söhne, die durch die Liebe der Mütter geschützt aus dem Altern des Vaters Vorteil ziehen und ihn nach seinem Ableben ersetzen konnten."

Totemismus und Inzestscheu

Von diesem Sonderfall abgesehen, beharrte Freud auf einem wieder und wieder verübten Vatermord; die schliessliche Auflösung der Konfliktsituation fand er in der Einführung der totemistischen Gesellschaftordnung. Den Totemismus studierten die seinerzeitigen Ethnologen vor allem an den australischen Ureinwohnern, soweit deren Stämme in Sippen oder Clans zerfielen, von denen sich ein jeder nach seinem Totem

---

[307] Atkinson 1903, 225.
[308] Atkinson 1903, 228.
[309] Atkinson 1903, 231.
[310] Freud 1950, 187.

benannte.[311] Wie Freud seine Leser informiert, war der Totem meistens ein Tier, seltener eine Pflanze. Der Totem galt als Stammvater der Sippe, ihr Schutzgeist und Helfer. Die Genossen waren verpflichtet, ihren Totem nicht zu töten. Einige Gruppen feierten aber von Zeit zu Zeit ein Fest, bei dem der Totem getötet und verspeist wurde.

Über das Totemismus-Thema informierte sich Freud vor allem in James Frazers rund 2200seitigen Werk *Totemism and Exogamy* (4 Bände; London 1910), das mittels aller damals bekannten Fakten den Totemismus systematisch begründen und seinen Ursprung erklären sollte. Aber wie das Leben so spielt, begann die Auflösung des wissenschaftlichen Totemismus-Systems mit einem gleichfalls 1910 erschienenen Artikel von Alexander Goldenweiser.[312] Ein halbes Jahrhundert später, rund ein Jahrzehnt nach Freuds Tod war es soweit, dass Claude Lévi-Strauss in einem Buch über Totemismus sagen konnte:[313] „le totémisme est une unité artificielle, qui existe seulement dans la pensée de l'ethnologue, et à quoi rien de spécifique ne correspond au dehors". Aber trotz des Urteils von Lévi-Strauss über den Totemismus als Illusion der Anthropologen des 19. Jahrhunderts, mag es einen in seiner Verbreitung und Bedeutung reduzierten Totemismus gegeben haben (oder vielleicht auch nicht).

Als Freud an *Totem und Tabu* arbeitete, durfte er den Totemismus für eine Phase in der Naturgeschichte des Menschen halten. Am Totemismus wollte er zwei Dinge klären, zum einen die Rolle des Totem als Stammvater des Clans und zum andern das Inzestverbot:[314] „eine Tabubeschränkung besteht in dem Verbot, dass Mitglieder desselben Totemclans einander nicht heiraten und überhaupt nicht in Sexualverkehr miteinander treten dürfen. Dies ist die berühmte und rätselhafte, mit dem Totemismus verknüpfte Exogamie". Wie Frazer und Freud hielten auch viele andere seinerzeitige Anthropologen und Psychologen die populäre Überzeugung von einer dem Menschen angeborenen Inzestscheu für falsch oder zweifelhaft. Dagegen gehörte Edvard Westermarck zu den Anthropologen und Soziologen, die an der Inzestscheu nicht zweifelten:[315] „Was ich behaupte, ist, dass es einen angeborenen Widerwillen gegen den geschlechtlichen Verkehr zwischen Personen giebt, die von früher Jugend auf beisammen leben, und dass dieses Gefühl, da solche Personen in den meisten Fällen blutsverwandt sind, sich hauptsächlich als Abscheu gegen den Geschlechtsverkehr mit nahen Verwandten bekundet."

Frazer kritisierte Westermarck mit dem Hinweis auf die Überflüssigkeit von gesetzlichen Inzest-Verboten, wenn es denn eine im Menschen tief wurzelnde Inzestscheu gäbe:[316] „Es gibt kein Gesetz, welches den Menschen befiehlt zu essen und zu trinken,

---

[311] Üblicherweise gilt *Totem* im Deutschen als Neutrum; Freud schreibt durchweg *der* Totem.
[312] Goldenweiser 1910, 179–293.
[313] Lévi-Strauss 1962, 14.
[314] Freud 1940, 129.
[315] Westermarck 1902, 320–321.
[316] Freud 1940, 150; Zitat aus Frazer 1907, IV 97: „... it is not easy to see why any deep human instinct should need to be reinforced by law. There is no law commanding men to eat and drink or forbidding them to put their hand in the fire. Men eat and drink and keep their

oder ihnen verbietet, ihre Hände ins Feuer zu stecken. ... Was die Natur selbst verbietet und bestraft, das braucht nicht erst das Gesetz zu verbieten und zu strafen." Freud griff die Kritik an Westermarck auf:[317] „Ich kann dieser kostbaren Argumentation Frazers noch hinzufügen, dass die Erfahrungen der Psychoanalyse die Annahme einer angeborenen Abneigung gegen den Inzestverkehr vollends unmöglich machen. Sie haben im Gegenteile gelehrt, dass die ersten sexuellen Regungen des jugendlichen Menschen regelmässig inzestuöser Natur sind, und dass solche verdrängte Regungen als Triebkräfte der späteren Neurosen eine kaum zu überschätzende Rolle spielen. Die Auffassung der Inzestscheu als eines angeborenen Instinkts muss also fallen gelassen werden."

Aber die Sache mit der Inzestscheu verhält sich anders als Freud und die allermeisten für die Frage zuständigen Wissenschaftler bis weit in die Mitte des 20. Jahrhunderts meinten. Es waren die Primatologen, die den Blick der Anthropologen auf die Inzestvermeidung bei unseren Verwandten im Tierreich lenkten. Die Primatologie ist seit den 1960er Jahren eine etablierte Wissenschaft, die sich nicht allein mit den Menschenaffen – Gorillas, Schimpansen, Orang Utans – als unseren allernächsten Verwandten beschäftigt, sondern auch mit entfernt verwandten Affenarten. Beispielsweise Jane Goodall, Verhaltensforscherin und im späteren Leben auch Animal Rights Activist, beobachtete seit den 1960er Jahren frei lebende Schimpansen.[318] Ann Pusey, Professor of Evolutionary Anthropology, seit 2003 *Executive director of Jane Goodall Institute's Primate Research Programs*, formulierte vor rund einem Jahrzehnt aufgrund der Beobachtungen von Goodall und anderen Primatologen:[319]

> „Anthropologists interested in biological explanations for incest avoidance and incest taboos have long looked to primate and other animal studies for their theories. If primates, our closest living ancestors [ancestors?- slip for : relatives?], avoid close inbreeding, this finding provides evidence that this behavior preceded human cultural practices. ... Nonhuman primates provide abundant evidence for an inhibition of sexual behavior among closely related adults. This finding is consistent with the idea that inbreeding avoidance behavior is a naturally selected behavior that was already present among animals before humans evolved. The primate data support Westermarck's theory that familiarity during immaturity is a major reason for this avoidance. Mating among adults is most inhibited among maternal relatives in species in which these have close associations. The extent

---

hands out of the fire instinctively for fear of natural not legal penalties .... what nature itself prohibits and punishes, it would be superfluous for the law to prohibit and punish."

[317] Freud 1940, 150–151.
[318] Schimpansen und der Name Jane erinnern mich an die aus den USA ins besetzte Deutschland exportierten Tarzan-Filme, die ich als Kind gesehen habe. Im Gedächtnis geblieben ist mir Tarzans existenzial-philosophische Aussage gegenüber seiner menschlichen Gefährtin: „Me monkey – you Jane".
[319] Pusey 2005, 61, 71.

to which mating is inhibited among close paternal relatives is more variable and appears to depend largely, though perhaps not completely, on the closeness of association during immaturity."

Die *Tendenz* zur Inzestvermeidung scheint eine biologische Tatsache zu sein. Warum aber steuert die Natur die Träger männlicher und weiblicher Erbanlagen in diese Richtung? Freud hielt nichts davon, das Inzestverbot auf der vermeintlichen Kulturstufe des Totemismus aus der Sorge um Inzuchtschäden abzuleiten:[320] „Nicht besser steht es um eine andere Ableitung des Inzestverbots, welche sich zahlreicher Anhänger erfreut, um die Annahme, dass die primitiven Völker frühzeitig bemerkt haben, mit welchen Gefahren die Inzucht ihr Geschlecht bedrohe. ... Es klingt fast lächerlich, wenn man diesen ohne jeden Vorbedacht lebenden Menschenkindern hygienische und eugenische Motive zumuten will, wie sie noch kaum in unserer heutigen Kultur Berücksichtigung gefunden haben."

Entsprechend dem Wissensstand von 1912 meinte Freud:[321] „die schädlichen Folgen der Inzucht sind auch heute noch nicht über jeden Zweifel sichergestellt und beim Menschen nur schwer nachweisbar". Aber bei Westermarck hätte Freud lesen können, wie Darwin aus Reihenversuchen mit Selbstbestäubung bei Pflanzen schlussfolgerte,[322] „dass im allgemeinen die Kreuzungsbefruchtung wohlthätig, die Selbstbefruchtung nachteilig sei, was durch den Unterschied in der Höhe, im Gewichte, in der konstitutionellen Kraft und in der Fruchtbarkeit der Nachkommenschaft gekreuzter und selbstbefruchteter Blüten, sowie durch den Unterschied in der Zahl der von den elterlichen Pflanzen erzeugten Samen ersichtlich ist".

Freuds Vorbehalte sind verständlich angesichts der schwierigen Nachweisbarkeit von Inzuchtschäden beim Menschen. Gab es denn irgendwo menschliche Familien, die sich in einer Reihe von Generationen durch Inzucht fortgepflanzt hatten und die für die Forschung verfügbar waren? Ersatzweise hätte Freud den Hinweis Westermarcks auf Darwin aufgreifen und von ingezüchteten Säugetieren auf Menschen schliessen können:[323] „Was das Tierreich betrifft, so bemerkt Darwin, dass fast alle, die viele Tierarten gezüchtet und über den Gegenstand geschrieben haben, ihrer festen Überzeugung von den üblen Folgen der Kreuzung innerhalb der Art Ausdruck verliehen."

Beim Säugetier Mensch kam Darwin über einen beunruhigenden Verdacht nicht hinaus. Darwin war mit einer Kusine ersten Grades verheiratet. Mit 10 Kindern war die Ehe fruchtbar, aber die Kinder kränkelten; drei starben früh. Als Grund für die Kränklichkeit vermutete Darwin die nahe Verwandtschaft zwischen ihm selbst und seiner

---

[320] Freud 1940, 151.
[321] Freud 1940, 151.
[322] Westermarck 1902, 355, mit Verweis auf Darwin 1876, 436. – Siehe beispielsweise Cockburn 1995, 45, zu heute bekannten Mechanismen, die Inzestvermeidung bei Pflanzen und Tieren fördern.
[323] Westermarck 1902, 335–336, mit Verweis auf Darwin 1868, 116.

Frau.³²⁴ Bei der Volkszählung (*census*) von 1871 wollte er im *United Kingdom* nach der Verwandtschaft von Ehepaaren und der Gesundheit ihrer Kinder fragen lassen. Er argumentierte, dass „marriage of cousins are objected to from their supposed injurious consequences; but this belief rests on no direct evidence. It is therefore manifestly desirable that the belief should either be proved false, or should be confirmed, so that in this latter case the marriages of cousins might be discouraged."³²⁵

Darwins Vorschlag stiess im Parlament auf Ablehnung.³²⁶ In *Descent of Man* bemerkte er dazu:³²⁷ „When the principles of breeding and inheritance are better understood, we shall not hear ignorant members of our legislature rejecting with scorn a plan for ascertaining by an easy method whether or not consangineous marriages are injurious to man."

Heute sind *the principles of breeding and inheritance better understood* und die Molekular-Biologen wissen, dass es neben selektiv vorteilhaften Genen bei Menschen, anderen Tieren sowie bei Pflanzen, viele schädliche oder lethale Gene gibt. Jeder Mensch trägt lethale, aber rezessive Gene mit sich herum. Solange genetisch nicht verwandte Paare Kinder zeugen, können sich die rezessiven Gene nicht auswirken. Wenn aber Verwandte Kinder zeugen, dann können zwei rezessive lethale Gene zusammen kommen und da das dominante Partner-Gen fehlt, wirkt sich das lethale Gen aus. Die durch Inzucht herbeigeführten gleichartigen Erbanlagen bewirken geringere Fruchtbarkeit, begünstigen Fehlgeburten und Krankheitsanfälligkeit, verkürzen die Lebensdauer. Für diese von Darwin befürchteten *dire consequences* hat man den Ausdruck Inzuchtdepression (*inbreeding depression*) geprägt.

Die Totemmahlzeit nach Robertson Smith

Freud referierte in *Totem und Tabu* auf Seite 133–145 die nominalistischen, soziologischen und psychologischen Erklärungen des Totemismus, sowie auf Seite 145–153 die Erklärungen der Exogamie und fand alles zu recht ungenügend:³²⁸ „Ich lese dicke Bücher ohne rechtes Interesse, da ich die Resultate schon weiss."

Wusste er im voraus seine eigenen Resultate oder die der dicke Bücher schreibenden Autoren? Wie auch immer:³²⁹ „Einen einzigen Lichtstrahl wirft die psychoanalytische Erfahrung in dieses Dunkel." Der Erfinder der Psychoanalyse wusste, dass „das Totemtier wirklich der Ersatz des Vaters ist",³³⁰ wie er dem Leser anhand von Fällen

---

[324] Jones 2009, 105, schreibt Darwin entsprechend formulierte Sorgen zu, gibt aber keine wörtlichen Zitate.
[325] Jones 2009, 115.
[326] Bittles 2005, 41–42.
[327] Darwin 1871, 403.
[328] Gay 1989, 367 (Brief an Ferenczi).
[329] Freud 1940, 154.
[330] Freud 1950, 170.

kindlicher Tierphobie erläuterte:[331] „die Angst galt im Grunde dem Vater, wenn die untersuchten Kinder Knaben waren, und war nur auf das Tier verschoben worden". In diesem Sinn gab Freud dem Totemismus-Kapitel in *Totem und Tabu* den durch seine Einprägsamkeit nahezu Beweiskraft besitzenden Titel *Die infantile Wiederkehr des Totemismus*.

Was Freud und andere über Tierphobien heraus gefunden haben, will ich gerne glauben. Aber ist es nicht so, dass in der Schlusskette vom Totemtier auf den nicht existierenden tyrannischen Vater der Urhorde ein paar Kettenglieder fehlen? Überzeugt, dass in der Beweiskette nichts fehlte, folgerte Freud:[332] „Wenn das Totemtier der Vater ist, dann fallen die beiden Hauptgebote des Totemismus, die beiden Tabuvorschriften, die seinen Kern ausmachen, den Totem nicht zu töten und kein Weib, das dem Totem angehört, sexuell zu gebrauchen, inhaltlich zusammen mit den beiden Verbrechen des Ödipus, der seinen Vater tötete und seine Mutter zum Weibe nahm, und mit den beiden Urwünschen des Kindes, deren ungenügende Verdrängung oder deren Wiedererweckung den Kern vielleicht aller Psychoneurosen bildet."

Im Kartenhaus fehlte noch ein Element und zwar der Übergang vom Mord am Urvater zur rituellen Tötung des Totemtieres. Für seinen Versuch die Darwinsche Urhorde und die Atkinsonschen *patricides* in eine totemistische Gesellschaft zu überführen, holte sich Freud eine entscheidende Anregung in den *Lectures on the Religion of the Semites*, „dem ausgezeichneten Buch" von William Robertson Smith (1846–1894).[333] Freud schätzte den Autor als „Physiker, Philologe, Bibelkritiker und Altertumsforscher, ein ebenso vielseitiger wie scharfsichtiger und freidenkender Mann."[334]

Über den 20-jährigen Robertson Smith sagt Margit Warburg:[335] „he combined the study of mathematics and physics with theology and the classics." Aus ihrer Sicht hielt sich das von Freud geschätzte freie Denken des reifen Robertson Smith in Grenzen: „... in general, Robertson Smith's theological position among the scholars of ‚higher criticism' was cautious, if not conservative; [336] ... he was first and foremost a Christian theologian; [337] ... what has caused Robertson Smith's greatness is not the validity of his theories, because most of the time he erred ... his errors ruptured established frames and led to new insight."[338]

Wesentlich war für Freud die These von Robertson Smith, dass „die sogenannte Totemmahlzeit von allem Anfang an einen integrierenden Bestandteil des totemistischen Systems gebildet habe".[339] Smith wiederum stützte sich vor allem auf einen Bericht des

---

[331] Freud 1940, 157.
[332] Freud 1940, 160.
[333] Robertson Smith 1907 (Freud's Library 2006, no. 3300).
[334] Freud 1940, 160.
[335] Warburg 1989, 42.
[336] Warburg 1989, 42 n. 9 mit Literatur.
[337] Warburg 1989, 45.
[338] Warburg 1989, 57.
[339] Freud 1940, 161.

hl. Nilus,[340] eines der am Berg Sinai früh bezeugten Mönche. In einem autobiographischen Text erzählt Nilus von seinem Eintritt in ein Sinai-Kloster, um dort mit seinem Sohn Theodulos zu leben. Eines Tages stürmen Beduinen das Kloster und töten die Mönche; Nilus entkommt, Theodulos wird gefangen. Die Beduinen planen den jungen Mann dem Morgenstern zu opfern, aber an dem für das Opfer bestimmten Tag verschlafen sie die Sichtbarkeitszeit des Morgensterns; sie verkaufen Theodulos, der später seinen Vater wiederfindet.

Wenn als Opfer für den Morgenstern kein junger Mann zur Verfügung stand, dann opferten die Beduinen ein Kamel, wie der hl. Nilus erzählt.[341] Das Kamelopfer war für Robertson Smith das wichtigste Zeugnis, dass „among the early Semites generally no slaughter was legitimate except for sacrifice, and we have also found reason, apart from Nilus's evidence, for believing that all Semitic sacrifice was originally the act of the community."[342] Freud paraphrasierte das Kamelopfer wie folgt:[343] „Der hl. Nilus berichtet von einer Opfersitte der Beduinen in der sinaitischen Wüste um das Ende des vierten Jahrhunderts nach Christi Geburt. Das Opfer, ein Kamel, wurde gebunden auf einen rohen Altar von Steinen gelegt; der Anführer des Stammes liess die Teilnehmer dreimal unter Gesängen um den Altar herumgehen, brachte dem Tiere die erste Wunde bei und trank gierig das hervorquellende Blut; dann stürzte sich die ganze Gemeinde auf das Opfer, hieb mit den Schwertern Stücke des zuckenden Fleisches los und verzehrte sie roh in solcher Hast, dass in der kurzen Zwischenzeit zwischen dem Aufgang des Morgensterns, dem dieses Opfer galt, und dem Erblassen des Gestirns vor den Sonnenstrahlen alles vom Opfertier, Leib, Knochen, Haut, Fleisch und Eingeweide vertilgt war. Dieser barbarische, von höchster Alterümlichkeit zeugende Ritus war allen Beweismitteln nach kein vereinzelter Gebrauch, sondern die allgemeine ursprüngliche Form des Totemopfers, die in späterer Zeit die verschiedensten Abschwächungen erfuhr."

Nach Freuds Verständnis wurde „das Opfertier ... behandelt wie ein Stammverwandter, die opfernde Gemeinde, ihr Gott und das Opfertier waren eines Blutes, Mitglieder eines Clans. Robertson Smith identifiziert auf Grund einer reichen Evidenz das Opfertier mit dem alten Totemtier."[344] Zwei Seiten weiter formulierte er:[345] „in ältesten Zeiten war das Opfertier selbst heilig ... das Opfer ein Sakrament, das Opfertier selbst ein Stammesgenosse. Es war in Wirklichkeit das alte Totemtier, der primitive Gott selbst, durch dessen Tötung und Verzehrung die Clangenossen ihre Gottähnlichkeit auffrischten und versicherten".

---

[340] Migne 1865, 589–694.
[341] Migne 1865, 613; siehe die Kommentare und Paraphrasen bei Robertson Smith 1907, 281, 338.
[342] Robertson Smith 1907, 286.
[343] Freud 1950, 168.
[344] Freud 1940, 165.
[345] Freud 1940, 167.

Allerdings galt die Theorie über den ursprünglich kommunalen Charakter des Opfers bei den Semiten bereits zu Freuds Zeit als überholt, wie Freud bei Émile Durkheim lesen konnte.[346] Durkheim war allgemein voll des Lobes für Robertson Smith, hielt aber die für Freud zentrale Interpretation der Totemmahlzeit für falsch:[347] „elle (la théorie de Smith) n'est plus adéquate aux faits actuellement connus; mais elle ne laissait pas de contenir une vue géniale et elle a exercé, sur la science des religions, la plus féconde influence."

Freud liess sich nicht stören:[348] „Ich habe wiederholt heftige Vorwürfe zu hören bekommen, dass ich in späteren Auflagen [von *Totem und Tabu*] meine Meinungen nicht abgeändert habe, nachdem doch neuere Ethnologen die Aufstellungen von Robertson Smith einmütig verworfen und zum Teile andere, ganz abweichende Theorien vorgebracht haben. Ich habe zu entgegnen, dass mir diese angeblichen Fortschritte wohl bekannt sind. Aber ich bin weder von der Richtigkeit dieser Neuerungen noch von den Irrtümern Robertson Smiths überzeugt worden. Ein Widerspruch ist noch keine Widerlegung, eine Neuerung nicht notwendig ein Fortschritt".

Es ist staunenswert, mit welcher Selbstsicherheit Freud auf seinem Standpunkt beharrte und an der Idee von Robertson Smith festhielt. Wie hätte Freud auf die im Lauf des 20. Jahrhunderts geäusserten Zweifel an der Authentizität des Nilus-Berichtes reagiert? Der in Bibelkritik geübte Robertson Smith hat nicht daran gedacht, den Text des hl. Nilus einer Quellen- und Sachkritik zu unterziehen.[349] Vielleicht wäre Freud misstrauisch geworden, wenn er erfahren hätte, dass der Kirchenhistoriker Karl Heussi an die Stelle des hl. Nilus einen Pseudo-Nilus als Verfasser setzte und den Text literarisch als griechischen Roman einordnete.[350]

Jahrzehnte nach Heussi veröffentlichte Josef Henninger in den 1950er Jahren eine ausführliche ethnographische Kritik am Nilus-Text. Henninger war ein jüngerer Mitarbeiter von Pater Wilhelm Schmidt – was für Freud sicher keine Empfehlung gewesen wäre. Anders als Robertson Smith stellte Henninger die Vorfrage, woher Nilus Tatsache und Details des Kamelopfers kannte. Nilus sagte nicht, dass er oder vielmehr sein Sohn Augenzeuge gewesen wäre, nannte aber auch keine Quelle für sein Wissen. Meiner Meinung nach genügt das für einen dringenden Verdacht auf eine literarische Fiktion. Henninger gründete sein Urteil auf einen Vergleich des Nilus-Berichts mit den ethnographischen Nachrichten über die arabischen Beduinen. Sein Fazit lautete:[351] „Nicht nur der allgemeine Eindruck, sondern zahlreiche Einzelheiten sprechen dagegen, dass [der Milieuschilderung] eine persönliche, umfassende Kenntnis des Beduinenlebens zugrundeliegt."

---

[346] Freud 1940, 137.
[347] Durkheim 1912, 127 (zitiert nach 4ᵉ édition, Paris 1960).
[348] Freud 1950, 240.
[349] Zu einem anderen Fall mangelnder Quellenkritik auf Seiten von Robertson Smith, siehe Krauss 2016b, 123–124.
[350] Heussi 1917.
[351] Henninger 1955, 147.

Von Einwänden unbeirrt kombinierte Freud Atkinsons *conjecture* über die Urhorde und Darwins Gorilla-Modell mit Robertson Smiths Totemmahlzeit. Freud fabulierte,[352] wie sich die ausgetriebenen Brüder eines Tages zusammen taten; sie „erschlugen und verzehrten den Vater und machten so der Vaterhorde ein Ende. ... Dass sie den Getöteten auch verzehrten, ist für den kannibalen Wilden selbstverständlich."

Nach der Kannibalenmahlzeit redeten, argumentierten, verhandelten die Brüder miteinander, schlossen einen *contrat social*:[353] „Um miteinander in Frieden leben zu können, verzichteten die siegreichen Brüder auf die Frauen, deretwegen sie doch den Vater erschlagen hatten, und legten sich das strenge Gesetz auf, nur ausserhalb ihrer Gruppe zu heiraten. Die Brüderhorden gaben sich eine neue Familienordnung nach dem heute so genannten Mutterrecht." Die von Ablehnung und Hochachtung zugleich charakterisierte Gefühlseinstellung der Söhne gegenüber dem Vater blieb während der ganzen weiteren Entwicklung in Kraft. Aus dieser Gefühlseinstellung heraus setzten die Brüderhorden als Ersatz des erschlagenen Urvaters ein bestimmtes Tier als Totem ein:[354] „es galt als Ahnherr und Schutzgeist, durfte nicht getötet werden, aber einmal im Jahr fand sich die Männergemeinschaft zu einem Festmahl zusammen, bei dem" – im Geist von Robertson Smith und St. Nilus – „das sonst verehrte Totemtier in Stücke gerissen und gemeinsam verzehrt wurde. Niemand durfte sich von diesem Mahle ausschliessen, es war die feierliche Wiederholung der Vatertötung, mit der die soziale Ordnung, Sittengesetze und Religion ihren Anfang genommen hatten".

> Ernest Jones berichtet, dass Freud die Korrekturfahnen von *Totem und Tabu* an ihn und Ferenczi schickte und in einem Begleitbrief Selbstzweifel äusserte:[355] *„Ich bin von meiner anfänglichen Hochschätzung der Arbeit sehr zurückgekommen u(nd) im Ganzen bedenklich."*
>
> Aber die Korrekturleser beruhigten ihn: „Wir meinten, er habe in seiner Phantasie die in dem Buch beschriebenen Ereignisse selbst erlebt, dass seine gehobene Stimmung die Erregung des Tötens und Essens des Vaters darstelle und dass seine Zweifel nur die Reaktion darauf seien. Als ich ihn einige Tage später bei einem Besuch in Wien sah und ihn fragte, warum der Mann, der *Die Traumdeutung* geschrieben hatte, nun solche Zweifel haben könne, gab er die weise Antwort: *Damals beschrieb ich den Wunsch, den Vater zu töten, jetzt habe ich das wirkliche Töten beschrieben; es ist immerhin ein grosser Schritt vom Wunsch zur Tat.*[356]

---

[352] Freud 1940, 171.
[353] Freud 1950, 239.
[354] Freud 1950, 239–240.
[355] Jones 1955, 417–419.
[356] In Freud 1940, 191–194, erörterte er die Frage, ob die urzeitliche Vatertötung physische oder psychische Wirklichkeit war; seine Entscheidung lautete im Sinn von *Faust, der Tragödie erster Teil*, Vers 1237: „Im Anfang war die Tat."

> Es schien, dass wir Freud beruhigt hatten. ... Um die Gelegenheit zu feiern, gaben wir Freud am 13. Juni 1913 auf dem Konstantinhügel im Prater ein Ehrendiner,[357] das wir als Totemfest bezeichneten.
>
> *Was gibt es zum Nachtisch? – fragte der Fidschianer.*

Freud spekulierte weiter, wie später an die Stelle der Totemtiere Götter in Menschengestalt traten, deren Herkunft vom Totemtier jedoch leicht zu durchschauen sei. Entweder erscheint dieser neue Gott noch in Tiergestalt, oder wenigstens mit dem Angesicht eines Tieres oder das alte Totemtier begleitet ihn auf Schritt und Tritt. An einer nicht leicht bestimmbaren Stelle in dieser Entwicklung sollen grosse Muttergottheiten auftreten, vielleicht sogar noch vor den männlichen Göttern. Aber das Matriarchat hält sich nicht, es wird durch eine patriarchalische Ordnung abgelöst in der es viele Götter gibt, die sich gegenseitig beschränken, sich gelegentlich auch einem überragenden Obergott unterordnen:[358] „Der folgende Schritt führt im Monotheismus zur Wiederkehr des einen, einzigen, unumschränkt herrschenden Vatergottes."

Die Wiederkehr des Vatergottes: Geschichtlicher Wahrheitsgehalt in jüdischer und christlicher Religion

Das Modell für das von Freud ersonnene Menschheitsdrama ist die seelische Erkrankung eines einzelnen Menschen mit den Stadien „Frühes Trauma – Abwehr – Latenz – Ausbruch der neurotischen Erkrankung – teilweise Wiederkehr des Verdrängten".[359] Ein solcher Krankheitsverlauf mag für einen einzelnen Menschen gelten – wie aber könnte der moderne Mensch (*out of Africa*) über hunderte Generationen hinweg in gleicher Weise reagieren? *(Und was ist mit den Neandertalern?)* Im Sinne von überholten naturwissenschaftlichen Theorien des 19. Jahrhunderts glaubte Freud nicht nur an die Vererbung erworbener Eigenschaften, sondern auch an die Vererbung von Erinnerungen. Während Freud an seinem Moses-Buch schrieb, versuchte der loyale Schüler Ernest Jones seinem alt und uneinsichtig gewordenen Lehrer diese Idee auszureden. Als Jones sich auf die modernen Biologen berief, bemerkte Freud, dass sie alle Unrecht hätten und die Stelle in seinem Buch so bleiben müsse.[360]

In ernsthafter Weise präsentierte Freud als Forschungsergebnis die These, „dass es in Urzeiten eine einzige Person gegeben hat, die damals übergross erscheinen musste

---

[357] Seinerzeit „Kaffee-Restaurant Konstantin-Hügel", siehe Wikipedia „Konstantinhügel" <Zugang 6. 11. 2017>.
[358] Freud 1950, 189.
[359] Freud 1950, 185.
[360] Jones 1962, 367–368: „Es ist nicht leicht, für die Starrheit, mit der Freud an dieser Meinung festhielt, und die Entschiedenheit, mit der er das ganze biologische Beweismaterial ignorierte, eine plausible Erklärung zu finden."

und die dann zur Gottheit erhöht in der Erinnerung der Menschen wiedergekehrt ist".[361] In diesem historischen Sinn wollte Freud die biblische Religion für *wahr* halten. Aus biblischer Sicht ist klar, worin der Unterschied zwischen wahrer und falscher Religion besteht: Gott selbst offenbarte bestimmten Menschen (*olde deade men, not quite white*) die biblische Religion als die wahre Religion; wer nicht in der Tradition der Offenbarung steht, der kann nur eine falsche Religion haben.

Es kommt mir sehr merkwürdig vor, dass der militante Atheist Sigmund Freud in seinen 50er und 80er Lebensjahren die ur- und neuzeitlichen Religionen mit Hilfe einer Schablone erklären wollte, die lediglich den Standpunkt der Offenbarungstheologen ins Psychoanalytische übersetzte: Nach Freud ist die Verdrängung des urzeitlichen Vaters in der biblischen Religion rückgängig gemacht, und insofern sind die Bibelgläubigen im Besitz der historischen Wahrheit. Mithin sind alle anderen menschlichen Religionen nicht im Besitz der historischen Wahrheit, weil sie die verdrängte Erinnerung an den urzeitlichen Vater nicht rückgängig gemacht haben.

Als Moses den Juden die neue Idee Echnatons von einem einzigen Gott predigte, da soll die Wirkung überwältigend gewesen sein, weil die neue Idee bei den Juden die verschüttete Erinnerung an den Urvater aufbrechen liess:[362] „Die erste Wirkung des Zusammentreffens mit dem so lange Vermissten und Ersehnten war überwältigend und so, wie die Tradition der Gesetzgebung vom Berge Sinai sie beschreibt." Aber die Sinai-Tradition ist literarische Fiktion, was auch Freud gewusst hat. Es gibt keine Reportagen über proto-biblische Gemeinde-Versammlungen und ihre Reaktionen auf die Neuigkeit vom alleinigen Gott.

In einer Mischung aus Tagtraum und psychoanalytischer Argumentationsweise erdichtete Freud eine neue religionsgeschichtliche Rolle für den biblischen Propheten Moses. Er stellte sich die Frage, wie es kam, dass die monotheistische Idee gerade auf das jüdische Volk einen so tiefen Eindruck machen und von ihm so zäh festgehalten werden konnte:[363] „Ich glaube, man kann diese Frage beantworten. Das Schicksal hatte dem jüdischen Volke die Grosstat und Untat der Vorzeit, die Vatertötung, näher gerückt, indem es dasselbe veranlasste, sie an der Person des Moses, einer hervorragenden Vatergestalt, zu wiederholen. Es war ein Fall von *Agieren* anstatt zu erinnern, wie er sich so häufig während der analytischen Arbeit am Neurotiker ereignet".

Aber die Erinnerung blieb unvollständig, weil die von Moses missionierten Juden sich damit begnügten, den Mord am Urvater an der Führer- und Vaterfigur des Moses zu wiederholen, ohne sich bei ihrer Tat vollständig an den Urvater zu erinnern. Aus Freuds Sicht war damit ein Moment der Vorläufigkeit und Unvollständigkeit gegeben und man versteht, warum er den von Moses zu den Juden hinübergeretteten Monotheismus Echnatons nicht als vollendete Entwicklung ansehen konnte. Um die geschichtliche Entwicklung in seinem Sinn zu vollenden, verknüpfte Freud in *Totem und*

---

[361] Freud 1950, 238.
[362] Freud 1950, 242.
[363] Freud 1950, 195.

Tabu von 1912 und später im *Mann Moses* den Totemismus und die Urhorde mit dem Christentum:[364] „Auch die anderen Stücke der prähistorischen Tragödie drängten nach Anerkennung". Eines dieser anderen Stücke der prähistorischen Wahrheit war die Tötung des allesbeherrschenden Vaters nicht durch einen beliebigen Täter, sondern durch den Sohn – eine Besonderheit des urzeitlichen Mordes, deren sich nicht die alten Juden, sondern die sich vom Judentum abspaltenden Christen bewusst wurden.

Freud fragte sich, was diese Wahrheit erst in spätjüdischer Zeit ans Licht gebracht hat:[365] „Es scheint, dass ein wachsendes Schuldbewusstsein sich des jüdischen Volkes, vielleicht der ganzen damaligen Kulturwelt bemächtigt hatte als Vorläufer der Wiederkehr des verdrängten Inhalts.[366] Bis dann einer aus diesem jüdischen Volk in der Justifizierung eines politisch-religiösen Agitators [er meint: Jesus von Nazareth] den Anlass fand, mit dem eine neue, die christliche Religion sich vom Judentum ablöste. Paulus, ein Jude aus Tarsus, griff dieses Schuldbewusstsein auf und führte es richtig auf seine urgeschichtliche Quelle zurück. ... In Wirklichkeit war dies todwürdige Verbrechen der Mord am später vergötterten Urvater gewesen. Aber es wurde nicht die Mordtat erinnert, sondern anstatt dessen ihre Sühnung phantasiert, und darum konnte diese Phantasie als Erlösungsbotschaft (Evangelium) begrüsst werden. Ein Sohn Gottes hatte sich als Unschuldiger töten lassen und damit die Schuld Aller auf sich genommen. Es musste ein Sohn sein, denn es war ja ein Mord am Vater gewesen."

Am römischen Bürger Paulus, der imstande war, das Schicksal des Jesus von Nazareth als Erlösungsbotschaft zu formulieren, fand Freud viel zu loben und zu achten:[367] „Er war ein im eigentlichen Sinn religiös veranlagter Mensch; die dunklen Spuren der Vergangenheit lauerten in seiner Seele, bereit zum Durchbruch in bewusstere Regionen".

Lauerten auch in Freuds Seele die dunklen Spuren der Vergangenheit? Wie sonst hätte er den Spuren des urzeitlichen Vatermordes zum Durchbruch ins volle wissenschaftliche Bewusstsein verhelfen können? Hätte Freud es sich gefallen lassen, als ein *im eigentlichen Sinn religiös veranlagter Mensch* eingestuft zu werden? Was Freud als die religiöse Tat des Paulus lobte, glaubte Freud selbst vollbracht zu haben, und zwar als wissenschaftliche Leistung: Anders als Paulus phantasierte Freud nicht die *Sühnung* des Mordes, den der Sohn am Vater begangen hatte, sondern rückte die menschheitsgeschichtliche *Mordtat* des Sohnes ins klare Bewusstsein.

1920 schrieb Freud an Pastor Pfister:[368] „Paulus hat als ein echt jüdischer Charakter immer meine besondere Sympathie gehabt". Und in diesem Paulus wollte Freud den

---

[364] Freud 1950, 192.
[365] Freud 1950, 192.
[366] Wachsendes Schuldbewusstsein bemächtigte sich ... und *vielleicht der ganzen damaligen Kulturwelt*: – der unkultivierten Einwohnerschaft des römischen Reiches? – der Leser von Sophokles Οἰδίπους Τύραννος? – Papperlapapp, Herr Freud. – Keine Antworten auf diese Fragen bei Benthien 2011, 241–267.
[367] Freud 1950, 192.
[368] Freud 2014, 142–143.

eigentlichen Stifter des Christentums erkennen. Darf man aus den besonderen Sympathien Freuds für Paulus als Stifter des Christentums schliessen, der Religionsgegner und gottlose Jude Freud habe im tiefsten Inneren Sympathien für die christliche Lehre gehegt? Nach Freud war das „Christentum religionsgeschichtlich – in bezug auf die Wiederkehr des Verdrängten – ein Fortschritt, die jüdische Religion von da ab gewissermassen ein Fossil".[369] Freud war mithin überzeugt, die geschichtliche Wahrheit des christlichen Glaubens besser verstanden zu haben als jeder andere, und die geschichtliche Wahrheit des Christentums schien ihm endgültig zu sein, die jüdische Wahrheit dagegen nur vorläufig.

Freud, der Psychoanalytiker, hätte sich vielleicht der Erklärung nicht verschlossen, dass er zwar bewusst jegliche Religion ablehnte, unbewusst aber von Teilen der christlichen Lehre erfasst war und sich diese Lehre umgewandelt und in maskierter Form zu eigen gemacht hatte.[370] Mir fallen die Sätze ein, mit denen der Apologet Yahuda seine Besprechung von Freuds Moses-Studie enden lässt, und die ich aus der Freud-Biographie von Ernest Jones kenne:[371] „Es kommt mir vor, als höre man in diesen Worten die Stimme eines der fanatischsten Christen in seinem Hass gegen Israel, und nicht die Stimme eines Freud, der solchen Fanatismus von ganzem Herzen und mit aller Kraft verabscheute und verachtete".

Ich glaube zu verstehen, was Yahuda meint. Wie Yahuda habe auch ich den Eindruck, dass sich Freud in seinem Moses-Buch auf einen christlichen Standpunkt stellt. Aber ich möchte Freud in Schutz nehmen vor dem Vorwurf des „Hasses auf Israel". Der gottlose Jude Freud hat sein jüdisches Volk nicht gehasst, auch wenn er hochgeschätzte nationale Besitztümer seiner Mitjuden abwertete – ihren Gott und ihren grössten Propheten: Den jüdischen Gott zerlegte Freud in einen ägyptischen Sonnengott und einen midianitischen Dämon; in Moses erkannte er einen gebürtigen Ägypter. Was Freud seinem jüdischen Volk zugestand, das war die grosse und achtenswerte Leistung, dass es auf die späteren Propheten gehört hat, die sich mit dauerndem Erfolg um die Wiederherstellung der vergessenen Lehre des ägyptischen Moses bemühten:[372] „Es ist Ehre genug für das jüdische Volk, dass es eine solche Tradition erhalten und Männer hervorbringen konnte, die ihr eine Stimme liehen, auch wenn die Anregung dazu von aussen, von einem grossen fremden Mann, gekommen war."[373]

---

[369] Freud 1950, 195.
[370] Stockholm-Syndrom bei einem im katholischen Österreich lebenden jüdischen Autor dessen Bücher 1933 im Deutschen Reich verbrannt wurden? Oder Hohn und Spott über die Religionen seiner Mitjuden und christlichen Mitbürger unter der Maske von Ernsthaftigkeit?
[371] Jones 1962, 431.
[372] Freud 1950, 153.
[373] Der „grosse fremde Mann" irritiert mich beim jedesmaligen Lesen. Hat sich Freud als grosser fremder Mann gesehen, der den Aboriginen eine neue Lehre brachte?

Widerstand gegen den alttestamentlichen Gott

Der von Yahuda gespürte Hass Freuds scheint dem jüdischen Nationalgott Jahweh gegolten zu haben. Wäre es nach Freud gegangen, so hätte Jahweh bald nach der Stiftung seines Kultes in der Oase Kadesch Barnea „seinen Platz einnehmen dürfen in der Prozession gewesener Götter, die der Dichter Flaubert gesehen hat".[374] Freud hatte hier jene Prozession der Götter Karthagos im Sinn, die Gustave Flaubert in seiner Carthaginoiserie *Salammbô* schilderte:[375] Hinter der erzenen (= bronzenen) Statue des kinderfressenden Moloch ziehen die Tabernakel der kanaanitischen Baᶜalim einher – Melkarth, Khamon, Eschmun und wie sie alle heissen –, aber auch die Bilder der Sterngötter, *tous s'y trouvaient, depuis le noir Nebo, génie de Mercure, jusqu'au hideux Rahab, qui est la constellation du Crocodile. Les Abaddirs, pierres tombées de la lune, tournaient dans des frondes en fils d'argent ...*

So wenig wie an all diesen heidnischen Götterscheusalen fand Freud auch am biblischen Gott Jahweh etwas Lobenswertes; vielmehr sah er in ihm einen „rohen, engherzigen Lokalgott, gewalttätig und blutdürstig".[376] In diesen Worten hallt das von Eduard Meyer gezeichnete und von Freud übernommene, nicht schmeichelhafte Charakterbild des Gottes Jahweh wider:[377] „ein nächtlicher Dämon, der das Tageslicht scheut", der in der Nacht des Passah-Festes umgeht, „um das Opferblut einzusaugen: so darf sich niemand vor die Tür wagen, und man schützt sich gegen die blutgierige Gottheit, indem man Schwelle und Pfosten mit Blut bestreicht".

Als Freud zum Neujahr 1935 einen Brief von Arnold Zweig erhielt,[378] mit einem beigeschlossenen und *Amerikanische Schöpfungsromanze* betitelten Gedicht,[379] reagierte er erstaunlich unfreundlich:[380] „Ihr Schöpfungsgedicht lasse ich Ihnen zurückgehen, da es nur in dem einen Exemplar vorhanden ist. Es scheint mir zuviel Ehre für den rohen Vulkan- und Wüstengott, der mir im Laufe der Mosesstudien besonders unsympathisch und meinem jüdischen Bewusstsein fremd geworden ist." Zweigs Gedichtlein vereint alttestamentlichen Gott und neutestamentlichen Gottsohn in einer jüdisch-christlichen Kurzfassung von Weltschöpfung und Erlösungsversuch:

> Als Gott (Dr. chem. phys. biol.) im Dämmern des sechsten
> *Tags von der Qual der Schöpfung schon fast befreit war,*
> Verwarnte ihn ein Instinkt, dass irgendwo etwas im Kosmos
> *noch nicht all right war, ...*   usw. usw.

---

[374] Freud 1950, 151.
[375] Zitiert nach Flaubert 1971, 234–235.
[376] Freud 1950, 151.
[377] Meyer 1906, 38.
[378] Freud 1968a, 111.
[379] Zweig 1927.
[380] Freud 1968a, 112.

Freud ärgerte sich darüber, dass er selbst den alttestamentlichen Gott als rohen Vulkan- und Wüstendämon abqualifizierte, während Zweig dem gleichen Gott die Ehre und Würde des Weltschöpfers zuschrieb, wenn auch in ironisierender Weise. Aber warum erkannte Freud hinter Zweigs Schöpfergott nicht den angeblich verdrängten und ihm so sympathischen Gott Aton, den Echnaton und Moses gepredigt hatten?

Mit seiner Abneigung gegen Jahweh, dem bösartigen und tyrannischen Gott des Alten Testamentes, stand Freud in einer langen Tradition. Ein gleichermassen offen ausgesprochener Widerwille begegnet auf jüdischer Seite selten, häufig aber bei Christen. Im 2. nachchristlichen Jahrhundert wollte beispielsweise der Christ Marcion (sprich: Marzion) den Gott des Alten Testamentes nicht mehr gelten lassen, sondern nur noch den von Jesus verkündeten Gott der Liebe. Jener andere Gott, der nach dem Zeugnis des Alten Testamentes diese Welt voller Unheil schuf, der den Menschen ein hartes Gesetz auferlegte, um die Übertreter schwer zu strafen, müsse doch eher als wahrer Teufel denn als Gott gelten. Aber die damalige Kirche hat Marcions Lehre verworfen und seine Anhänger, die Marcioniten, als Ketzer ins Abseits gestellt.[381]

Ähnlich wie Marcion, lehnte auch Freud den Gott des Alten Testamentes ab und erträumte sich aus archäologischen Quellen einen besseren Gott, den er hinter dem Gott des Alten Testamentes zu sehen glaubte. Auch auf den gottlosen Juden Sigmund Freud mag zutreffen, was der deutsche Philosoph und Atheist Friedrich Nietzsche dem jüdischen Philosophen und Bibelkritiker Baruch Spinoza unterstellt hat:[382]

am Judengott frass Judenhass

Hätte nicht Freud selbst, ohne zu zögern, angesichts eines solchen Hasses auf den biblischen Gott bei jedem anderen die psychoanalytische Schablone angelegt und einen Hass auf den leiblichen Vater diagnostiziert? Projizierte nicht Freud die ambivalenten Gefühle gegenüber seinem eigenen Vater in einfachster Weise auf den idealen ägyptischen Gott einerseits und auf einen abscheulichen midianitischen Dämon andererseits? Sollte nicht auch der Mord am gefürchteten und bewunderten Urvater, samt seiner Rückkehr als alleinzigem Gott, ein Tagtraum gewesen sein, dessen Wurzeln in Freuds Konflikt mit seinem leiblichen Vater zurückführen?

---

[381] Harnack 1924.
[382] Nietzsche: *An Spinoza*.

VII

Freuds ethnologischer Gegner: Pater Wilhelm Schmidt

Während Freud in Wien, Berggasse 19,[383] (oder während des Sommers in Grinzing, Strassergasse 47), über den jüdisch-christlichen Gott als tyrannischen Vater der menschlichen Urhorde und geopfertes Totemtier phantasierte, dichtete rund 20 Kilometer südlich Pater Wilhelm Schmidt (1868–1954) an einem ethnologischen Beweis für den jüdisch-christlichen Gottesglauben. Wie Freud 1934 an Arnold Zweig schrieb, lebte Schmidt „in St. Gabriel bei Mödling".[384] Gemeint ist S(ank)t Gabriel, das Missionshaus der Steyler Missionare – eine ominöse Adresse, mit 650 Bewohnern (Seminaristen, Lehrern) im Jahr 1925; nicht in Mödling, sondern in der Nachbargemeinde Maria Enzersdorf gelegen.[385]

Abb. 23: P. Wilhelm Schmidt; nach Koppers 1928, Frontispiz[386]

---

[383] Bei meiner ersten Wallfahrt zu Freud suchte ich seine Wohnung vergeblich in Berggasse 6 (= Sex; Erklärung für unbedarfte Leser).
[384] Siehe oben Anm. 5.
[385] <https://de.wikipedia.org/wiki/Missionshaus_St.Gabriel> (Zugang 14.1.2017).
[386] Für ein Foto des älteren Schmidt siehe Bornemann 1982, Frontispiz. Für Fotos aus verschiedenen Lebensjahren siehe Henninger 1956, Tafel 1–5.

Schmidt ist kein intellektuell anziehender Autor wie Freud; anders als Freud schreibt er keine „anschauliche Prosa".[387] Er war gebürtiger Westfale; in jungen Jahren wollte er Missionar werden; 15jährig trat er ein in die Missionsschule in Steyl (heute nach Venlo eingemeindet). Mit Anteilnahme und Kopfschütteln habe ich bei Ernest Brandewie gelesen wie der junge Schmidt unter der christlichen Spiritualität gelitten hat – ohne recht zu verstehen was ihn quälte.[388] Nach Priesterweihe mit 24, Studium der semitischen Sprachen in Berlin für drei Semester, unterrichtete er ab 1895 im Priesterseminar St. Gabriel.

Im Kontakt mit Missionaren arbeitete er sich als Autodidakt in Anthropologie und Ethnologie ein.[389] 1906 gründete er die ethnologisch und linguistisch ausgerichtete Zeitschrift *Anthropos* und 1931 zusammen mit anderen Patres in St. Gabriel das Anthropos-Institut. Vor allem aber entwickelte er gemeinsam mit Pater Wilhelm Koppers eine neue ethnologische Methode zur Definition von Kulturkreisen; in dem Zusammenhang spricht man von der Wiener Schule der Kulturkreislehre.[390] Aber im St. Gabriel der 1950er Jahre wurden „die Kriterien zur Erstellung von Kulturkreisen ... zwar gelegentlich noch diskutiert, aber meist um zu zeigen, dass sie am grünen Tisch entstanden sind und die Realitäten nicht darstellen."[391] Zu seiner Zeit war Schmidt einer der führenden Ethnologen; heute schätzt man ihn als Sprachforscher.

Als politischer Autor gehörte Schmidt zum öffentlichen Leben in Österreich.[392] Aber wenn Freud gehört haben sollte, Schmidt würde „die Politik unseres Landes" machen, dann hat er sich entweder verhört oder der Gewährsmann stark übertrieben. Freud fürchtete sich vor Schmidt, doch scheint seine Furcht vor einem durch Schmidt bewirkten Verbot der ärztlichen Psychoanalyse in Wien weit hergeholt (milde Paranoia?). Wie auch immer, so fühlte er sich erst in London wieder sicher und frei, um am *Mann Moses* weiter zu dichten:[393] „Ich schreibe hier mit Lust am dritten Teil des Moses." Beispielsweise Peter Gay scheint kein Interesse an Schmidt als wissenschaftlichem Gegner von Freud gehabt zu haben, denn in seiner Freud-Biografie fehlt Schmidts Name (es kommt überhaupt kein Schmidt vor, was merkwürdig ist bei der Häufigkeit des Namens). Wiederum in Bornemanns Schmidt-Biografie fehlt Freud; nicht einmal den Begriff *Psychoanalyse* findet man im Index.

---

[387] Mann 1936, 263: „Freud schreibt überhaupt eine höchst anschauliche Prosa, er ist ein Künstler des Gedankens wie Schopenhauer und wie er ein europäischer Schriftsteller".
[388] Brandewie 1990. Mögen meine Leser in Brandewies Buch finden, was ich meine.
[389] Dietrich, 1992, 113.
[390] Dietrich 1992, 111–112.
[391] Interview von Dieter Haller mit Josef Franz Thiel (31. 03. 2009) 3: <www.germananthropology.de> (Zugang 10. 8. 2017).
[392] Bornemann 1982, 109–129, 134–136, 253–257. – Siehe auch Pape 2006, 99.
[393] Freud 1968a, 172; 28. Juni 1938.

Schmidts Kritik an Freud

Schmidt scheint Freud erstmals in 1928 öffentlich kritisiert zu haben und zwar bei einem am 28. November jenes Jahres in der Kulturwissenschaftlichen Gesellschaft in Wien gehaltenen Vortrag über den ethnologischen und kulturellen Kontext des Ödipus-Komplexes. Laut Schriftleitung der *Schöneren Zukunft*, die einen langen Auszug veröffentlichte, „gestaltete sich (der Vortrag) zu einer wahren Sensation".[394] Der Vortragstext erschien 1929 als separate Publikation.[395] Schmidt hatte mit der Kulturwissenschaftlichen Gesellschaft einen ethnologischen Vortrag vereinbart, als ihm aber der protestantische Theologe und Religionswissenschaftler Carl Clemen einen kritischen Artikel über die Anwendung der Psychoanalyse auf die Mythologie zukommen liess, änderte er das Thema. Clemen referierte in seinem Artikel die Beschwerden des über Mythologie arbeitenden abtrünnigen Freud-Schülers Otto Rank, die Fachwissenschaftler hätten die Psychoanalyse *in Acht und Bann getan* und glaubten sich *mit dieser affektiven Erledigung die wissenschaftliche Auseinandersetzung zu ersparen.*[396] In der Weise, in der Clemen als Religionswissenschaftler auf die Psychoanalyse einging, ist Schmidt in seinem Vortrag vom Standpunkt der Ethnologie verfahren.

Von Clemen übernahm Schmidt die differenzierte Anerkennung von positiven Leistungen Freuds, nämlich die Erklärung der Verdrängungs-Mechanismen und verwandten Fehlleistungen. Aber in *puncto puncti* machte Schmidt keine Zugeständnisse,[397] vielmehr entwertete er Freuds Sexualtheorien durch Andeutungen über ihre soziokulturelle Ätiologie. Er zitierte Clemen, der die definierende Rolle der Sexualität in der Freudschen Schule „aus den besonderen Kreisen (erklärte), aus denen ihre Vertreter und vielleicht auch die von ihnen behandelten Patienten vor allem herstammen, besser aber noch wird man es mit der einseitigen Betonung jener Dinge in der modernen Literatur zusammenbringen ...".[398]

Schmidts christliche Zuhörer werden schmunzelnd und erleichtert die Unterstellung verstanden haben, dass Freuds Psychoanalyse eine von Wiener jüdischen Ärzten an sexualgestörten Wiener Juden entwickelte und ausgeübte Wissenschaft ist. In rätselhafter Weise sprach Schmidt von der Existenz eines Kulturkreises „in dem ganz die gleichen Verhältnisse herrschend waren, und in dem das ganze Denken, Fühlen und Handeln von einem weitgehenden Sexualismus durchsetzt und durchseucht war und ist. Aber ich werde diesen Kulturkreis jetzt hier noch nicht nennen; ...". – Worauf wollte Schmidt hinaus? An welchen Kulturkreis dachte er? Ich habe einen Verdacht, äussere ihn aber aus *political correctness* nicht.

---

[394] Schmidt 1928–1929a; zu einer Kurzfassung siehe Schmidt 1928–1929b.
[395] Schmidt 1929. – Pape 2006, 103–105, 131, hat nicht gesehen, dass der Vortrag von 1928 die Grundlage der Publikation Schmidt 1929 ist.
[396] Clemen 1928, 3.
[397] Ich meine nicht wirklich *in puncto puncti sexti*.
[398] In Schmidt 1929, 35, zitierte Schmidt im gleichen Sinn William Halse Rivers, einen mit Freud sympathisierenden Ethnologen und Psychologen.

Freuds Reaktion auf Schmidts Kritik

Bald nach Schmidts Vortrag hätte Freud in der Wiener Presse lesen können, was Schmidt an seinen Theorien auszusetzen hatte. Als er im September 1934 an Zweig schrieb, Schmidt würde „in seinen Büchern aus seinem Abscheu vor der Analyse und besonders meiner Totemtheorie kein Geheimnis" machen, hat Freud vielleicht an Schmidts Vortrag gedacht; mit den Büchern sollte er Schmidts 1930 erschienenes *Handbuch der vergleichenden Religionsgeschichte* gemeint haben,[399] von dem auch französische, englische, spanische und italienische Übersetzungen erschienen sind. In der *Freud Library* sind keine Publikationen von Schmidt erhalten. Abgesehen von Rhetorik und Unterstellung hätte Freud in Schmidts Vortragstext und im *Handbuch* die ethnologisch richtigen Aussagen gefunden, dass der Totemismus nicht am Anfang der menschlichen Kulturentwicklung stand und keine allgemein menschheitsgeschichtliche Durchgangsstufe darstellte, dass ferner das Verspeisen des Totems selten und bei typologisch alten totemistischen Ethnien nicht vorkommt.[400]

Im Juni 1936 äusserte sich Freud zufrieden darüber, dass Arnold Zweig die Absicht aufgegeben hatte eine Freud-Biographie zu schreiben:[401] „Sie sollen aber auch mich nicht anregen, dass ich selbst ein neues Stück meiner Lebensgeschichte schreibe. Eine Revision der Abfallsbewegungen geriete leicht allzu indiskret und ordinär." Die Erinnerung an die abgefallenen Schüler scheint den Gedanken an den gegnerischen Wilhelm Schmidt hervorgerufen zu haben: „Meines bevorzugten Schicksals als Neuerer bin ich wohl bewusst. Dass unser Hauptfeind P. Schmidt eben das österreichische Ehrenzeichen für Kunst und Wissenschaft erhalten hat für seine frommen Lügen in der Ethnologie, rechne ich *mir* zum Verdienst dar. Er sollte offenbar dafür getröstet werden, dass die Vorsehung mich 80 Jahre alt werden liess. Das Schicksal hat seine Wege, unsereinen altruistisch zu machen. Als mein grosser Meister Ernst Brücke seinerzeit diese Auszeichnung erhielt, verspürte ich im Ehrfurchtsschauer den Wunsch in mir auftauchen, einmal dasselbe zu erreichen. Heute bescheide ich mich damit, einem anderen indirekt zu solcher Auszeichnung verholfen zu haben."

Schmidt war untröstlich, weil Freud 80 Jahre alt wurde? Wenn Freuds Behauptung nicht einen auf Schmidt gerichteten Todeswunsch reflektiert, dann weiss ich nicht was Todeswünsche sind. Wünschte Freud Schmidt den Tod wegen seiner ethnologisch-anthropologisch berechtigten Kritik? Aber der Brief an Zweig spricht eher dafür, dass Freud wegen des österreichischen Ehrenzeichens verletzt war oder aber der Neid wegen des Ehrenzeichens lenkt ab von einer tieferen Verletzung durch Schmidts Kritik. Auch wenn Freud im Brief an Zweig dem Ethnologen Schmidt trotzig widerspricht – es muss ihn beim Lesen von Schmidts Einwänden ein unangenehmes Gefühl von Verunsi-

---

[399] Schmidt 1930.
[400] Schmidt 1929, 13; Schmidt 1930, 106–111.
[401] Freud 1968a.

cherung beschlichen haben, ein schlechtes Gewissen oder ein Äquivalent davon. (Bei dieser Behauptung gehe ich von meiner eigenen wissenschaftlichen Arbeit aus: früher habe ich mahnende Kopfschmerzen bekommen, wenn ich eine bessere fremde oder eigene Einsicht nicht wahrhaben wollte; wenn ich heutzutage etwas lese was mir wissenschaftlich nicht in den Kram passt, dann seufze ich gottergeben.)

Freud ist nicht auf die fachlichen Argumente seines ethnologischen Hauptfeindes eingegangen; er begnügte sich damit die Einwände als fromme Lügen zu denunzieren. Er wird aber verstanden haben, dass seine eigene Konstruktion so viele Fehler enthält, dass sie hinten und vorne nicht stimmen kann und *Totem und Tabu* mithin ein Kartenhaus darstellt (und folglich auch der entsprechende Teil des *Mannes Moses*). Das hätte nicht den Zusammenbruch der Psychoanalyse bedeutet, aber eine Entwertung von *Totem und Tabu* hätte sich auf das Prestige von Freud ausgewirkt und auf sein Selbstwertgefühl. Statt einzugestehen in *Totem und Tabu* eine Reihe von Fehlern gemacht zu haben, denunzierte Freud Schmidt als Lügner.

Die Ur-Offenbarung Gottes nach Pater Schmidt

Im Jahr 1902 hörte Schmidt einen Vortrag des Indologen Leopold v. Schröder über das *Höchste Wesen* bei den Primitiven. Nach Schmidts eigenen Worten wirkte Schröders Vortrag als *Initialzündung* für seine Forschung über den *Ursprung der Gottesidee*.[402] Schröder machte seine Hörer mit dem 1898 erschienenen Buch von Andrew Lang *The Making of Religion* bekannt. Der Leser kennt Lang als Herausgeber von Atkinsons *Primal Law*. Lang hatte zunächst in Berichten von Alfred Willliam Howitt (1830-1908) über ein *Supreme Being* (Höchstes Wesen) bei südostaustralischen Stämmen gelesen,[403] später auch in Berichten über andere Urvölker. Die von Lang gelesenen Texte erwiesen sich als authentisch; frei vom Einfluss christlicher Missionare. Für die Religionsethnologen waren die Informationen neu; früher hatten sie nur erfahren, was die Frauen und Kinder der Urvölker wussten, nicht aber was die Männer geheim hielten.

Howitts frühester relevanter Bericht geht in das Jahr 1884 zurück. 1904 veröffentlichte er ein Buch in dem er seine anthropologischen Forschungen über die Südostaustralier zusammen fasste, darin findet sich folgendes Zitat:[404]

> „The following is the statement of a very intelligent old man of that tribe [*Ngarigo*] which I took down as he said it:
> *Tharamulun once lived on the earth, where he taught the Murring [men[405]] what to do. He gave them the Kuringal [Initiations-Zeremonie] and told them what food to eat. When he died

---

[402] Thiel 1995, 257.
[403] Lang 1909, 177–182.
[404] Howitt 1904, 495.
[405] Nach Howitt 1904, 78, benutzte der Sprecher *Murring* im Sinn von englisch *men / Menschen*.

> and was put into the ground, his Bula-bong (spirit, ghost) went up to the Kulumbi (sky). Women know of his existence, but only speak of him as Pabang (father). It is only when a young man has his tooth knocked out [bei der Initiations-Zeremonie] that the name of Tharamulun is told to him. Tharamulun can see people and is very angry when they do things that they ought not to do, as when they eat forbidden food.
> This account speaks of him [*Tharamulun; Daramulun*] as a man whose spirit or ghost went up to the sky, while the usual statement is that he went up in the flesh as one of the *Gommeras*, or medicine-men, might do."

Mit P. Schmidt kann man in Daramulun den Abglanz des einen wahren Gottes sehen, der sich nach der Ur-Offenbarung an den ersten Menschen in den Himmel zurückgezogen hat. Allerdings gibt es *Höchste Wesen*, die sich Schmidts Sicht nur mit Gewalt fügen lassen. Im Fall der afrikanischen Pygmäen (Bambuti) verliess er sich auf seinen Schüler Paul Schebesta, dessen Schüler Josef Franz Thiel die Ergebnisse seines Lehrers kritisch referierte:[406] Der Ethnologe Colin Turnbull „war dreimal bei den Bambuti; das erste Mal (1951) über ein Jahr bei der gleichen Gruppe; er betont öfter, dass er das Höchste Wesen so nicht vorgefunden habe, wie Schebesta es beschreibt. Nach Turnbull ist der Gott der Epulu-Pygmäen der Wald. ... *Der Wald, der grosse Ernährer, ist die eine Norm nach der alle Toten [Taten?] und Gedanken beurteilt werden. Er ist der Häuptling, der Gesetzgeber, der Führer und der letzte Richter.* Schebesta bringt zwar auch öfter Hinweise, dass der Wald eine Art Gottheit sei, aber er ist vor allem auf der Suche nach dem ursprünglichen Bambuti-Gott, der natürlich ein Hochgott, möglichst ein Himmelsgott sein soll." So stellten sich Schebestas Schüler Josef Franz Thiel die Dinge dar – 30 Jahre nach Schmidts Tod. Als Schmidt starb war Thiel Novize in St. Gabriel und gehörte bei der Beisetzung zu den Sargträgern.[407]

Um zu seinem Ziel zu kommen, hat Schmidt Kulturen miteinander verglichen und historisch aufeinander folgende Kulturschichten erschlossen:[408]

1) Aus dem Vergleich der afrikanischen Pygmäen mit den asiatischen ergibt sich eine Religion der pygmäischen Urkultur.
2) Der Vergleich der arktischen Urkultur mit der nordamerikanischen ergibt die Religion der arktisch-nordamerikanischen Urkultur.
3) Der Vergleich dieser arktisch-nordamerikanischen Urkultur mit der der Feuerlandindianer ergibt die Religion der arktisch-amerikanischen Urkultur.
4) Der Vergleich dieser arktisch-amerikanischen Urkultur mit der zuerst genannten pygmäischen Urkultur führt dann zu einer noch älteren gemeinsamen Urkultur.
5) Diese rekonstruierte wird dann verglichen mit der der australischen Urvölker, woraus sich die älteste gemeinsame Kultur und Religion der Menschheit ergibt.

---

[406] Thiel 1984, 183.
[407] Interview Thiel.
[408] Bornemann 1982, 72; vergleiche Thiel 1995, 261.

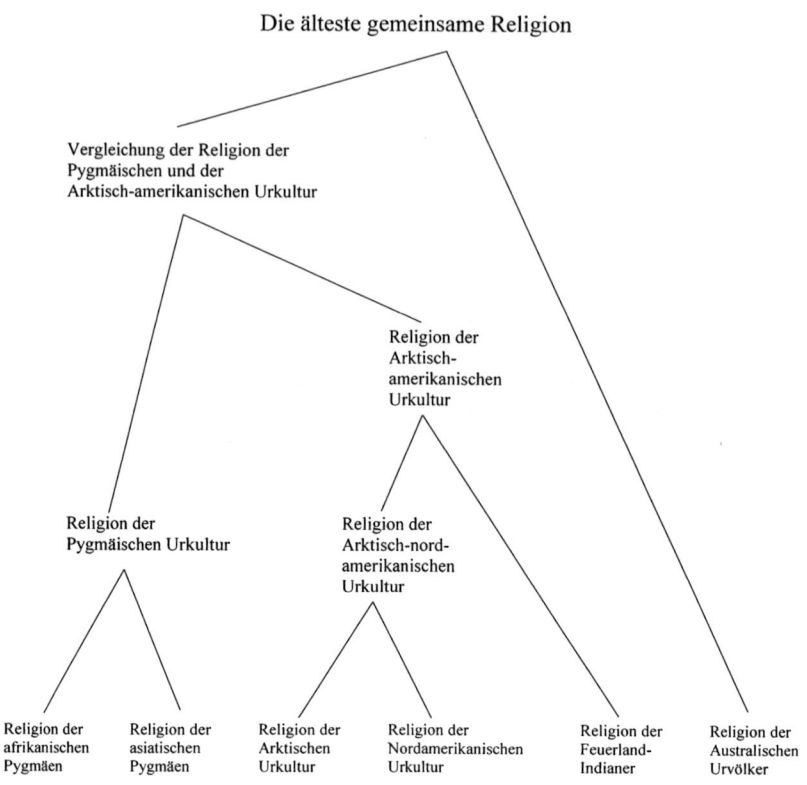

Abb. 24: Schmidts Rekonstruktionsschema, vereinfacht; nach Bornemann 1982, 73.

Die Urreligion der Menschheit erklärte Schmidt zu einem Teil aus dem kausalen Denken des Menschen, was aber zur Erklärung nicht ausreicht. Vielmehr musste eine Offenbarung Gottes an den Urmenschen hinzu kommen:[409] „... es muss eine gewaltige, machtvolle Persönlichkeit gewesen sein, die ihnen damals entgegen trat, und die imstande war, ihren Intellekt mit lichtvollen Wahrheiten zu fesseln, ihren Willen durch hohe und edle Sittengebote zu binden und ihr Herz durch hinreissende Schönheit und Güte zu gewinnen. ... Wer diese gewaltige Persönlichkeit ist, darüber kann kein Zweifel sein, und zum Überfluss sagen es uns jene ältesten Völker selbst: Es ist das wirklich existierende Höchste Wesen, der tatsächliche Schöpfer Himmels und der Erde und besonders des Menschen, der hier vor seine vorzüglichsten Geschöpfe, die Menschen,

---

[409] Schmidt 1935, 492–493.

hintrat und sich selbst, sein eigenes Wesen und Wirken ihnen offenbarte ... gleich damals nach der Schöpfung, als er in vertraulicher Gemeinschaft mit den Menschen zusammen wohnte." Also Schmidt im 6. Band seines Werkes über den Ursprung der Gottesidee.

Seinen Geschöpfen, die er in *naked majesty* erschaffen,[410] offenbarte sich das wirklich existierende Höchste Wesen in gleicher Nacktheit. Howitt durfte eine Gottesfigur sehen, die er abgezeichnet und wie folgt beschrieben hat:[411] „... a figure of Daramulun ... in the attitude of the magic dance ... provided with pieces of wood for teeth, and a mouthful of quartz fragments as *Joïas* [magical objects, siehe Howitt, Tribes 377], the male member being much exaggerated." Hier – anders als im Fall von Jahweh und Moses – *the backe parts cannot be seene, but the fronte parts*:

Abb. 25 : Earth figure in relief of Daramulun, nach Howitt 1904, Fig. 32

Schmidt fand in den religiösen Urzuständen die sittliche Komponente seiner eigenen Religion:[412] Schmidts „primordial cultures were monotheistic and had, based on religion, the nuclear family, permanent monogamy and an exemplary moral code." Von der Einehe in den heutigen einfachsten Kulturen wollte er auf die menschliche Urzeit zurückschliessen, doch sperrten sich die ethnologischen Fakten dagegen, wie Thiel berichtet:[413] „In den siebziger Jahren erzählte mir P. Alexandre Gillès de Pélichy O. S. B.

---

[410] John Milton, *Paradise Lost (1667)*: Book IV, 290.
[411] Howitt 1904, 553.
[412] Dietrich 1992, 116.
[413] Thiel 1995, 258.

aus Brügge eine Anekdote, die treffend Schmidts These beleuchtet. P. de Pélichy studierte in den zwanziger Jahren bei Schmidt in Wien Ethnologie. Als er gerade einmal im Arbeitszimmer bei Schmidt sass, kam Schebesta herein und meldete sich bei Schmidt von seiner Pygmäen-Expedition zurück. Schmidt fragte seinen ehemaligen Schüler: „Schebesta, wie steht es mit der Einehe der Pygmäen?" – „Ach P. Schmidt, am liebsten haben die auch mehr als nur eine Frau. Ein guter Jäger nimmt sich immer eine zweite Frau." Darauf Schmidt energisch: „Schebesta, ich will das nicht gehört haben!"

Halten wir es Schmidt zugute, dass er die ethnologischen Informationen nicht verdrehte und im Vortrag von 1928 (noch vor Schebestas Rückkehr von seiner ersten Reise zu den Pygmäen) von der „Einzelehe" sprach, „die bei den meisten dieser Völker monogam ist und bei einigen gemässigt polygam". Für die auf ethische Führung angewiesenen Katholiken verfasste Schmidt 1931 ein Buch über die Ehe. 1945 veröffentlichte er *Sechs Bücher von der Liebe, von der Ehe, von der Familie*. Wie er dem Verlagsleiter schrieb, war es sein Bestreben „die katholische Ehe und Familie als die allein natürliche und darum allein zulässige und selbstverständliche Form erscheinen zu lassen."[414] – *Sechs Bücher!* Wie lakonisch sagte der Prophet (*sein Name sei gepriesen*): *Die Frau ist der Acker des Mannes*[415] – und überliess es den Männern, wie sie ihre Frauen beackerten.

Der Gott an den Schmidt glaubte, lehrte auch dem Urmenschen Moral und Sittlichkeit, mehr oder weniger wie das Höchste Wesen über das die Ethnologen zuerst von Howitt hörten. Bei Andrew Lang steht folgendes Zitat aus einer Veröffentlichung von Howitt:[416]

> Mungan-ngaur, a Being not defined as spirit, but immortal, and dwelling in heaven, is Father, or rather grandfather, not maker, of the Kurnai [oder Gunai, südostaustralischer Stamm in Gippsland].
> Mungan-ngaur's precepts [for the young men to be initiated] are:
> 1. To listen to and obey the old men.
> 2. To share everything they have with their friends.
> 3. To live peaceably with their friends.
> 4. Not to interfere with girls or married women.
> 5. To obey the food restrictions until they are released from them by the old men.
>
> Mr. Howitt concludes: „I venture to assert that it can no longer be maintained that the Australians have no belief which can be called religious, that is, in the sense of beliefs which govern tribal and individual morality under a supernatural sanction."

---

[414] Bornemann 1982, 291–292.
[415] Quran-Zitat nach Erinnerung.
[416] Lang 1909, 181.

Man kann *supernatural sanction* durch *superstitiuos sanction* ersetzen und auf diese Weise nicht nur die Religion der Südostaustralier, sondern auch die von Pater Schmidt charakterisieren. Wie Aristoteles sagte, ist der Mensch ein ζῷν πολιτικόν (was auch immer er damit gemeint hat) und die brennende Sorge um die Gemeinschaft, ihr Bestehen nach Regeln – *governing tribal and individual morality* – ist ein wesentlicher Inhalt der Religionen. Vermutlich handelt es sich dabei nicht um das Ergebnis menschlicher Grübelei, sondern um ein evolutionäres Erbe. Wie andere naive Denker kann auch Schmidt ein evolutionäres Erbe auf einen Schöpfergott zurück geführt haben.

Wie Thiel es formulierte, war Religion für Schmidt ein theozentrisches System:[417] „Fetischismus, Manismus, Animismus, Totemismus, Dynamismus werden von ihm nur in negativer Weise, als der wahren Religion entgegenstehend, behandelt." Thiels Lehrer Schebesta ist in diesem Punkt über seinen eigenen Lehrer Schmidt hinaus gegangen:[418] „Es bedeutet Verkennung der wahren Natur der Religion einerseits und der menschlichen Veranlagungen andererseits, die Religion aus Animismus oder Magie oder Hochgottglaube hervorgehen zu lassen. Aus allen drei Quellen wird die Religion gespeist."

Schebestas Schüler Thiel ging einen Schritt weiter:[419] „Seine [Schmidts] Betonung der Hochgott-Idee war für mich anfangs faszinierend, doch als ich mit den Menschen in den Dörfern des Kongo lebte, bemerkte ich, dass Religion eben nicht nur aus dem Glauben an ein Schöpferwesen besteht. Man muss den Religionsbegriff weiter fassen, sich auch mit Ahnenkult und Fetischverehrung beschäftigen, denn auch das sind genuin religiöse Erscheinungen." Thiel vergisst Moral und Sitte, die Dalamurun, Munganngaur, Schmidts Schöpfergott und Schmidt selbst so sehr am Herzen lagen.

Schmidt hat einen unvergleichlich grösseren Aufwand als Freud getrieben, um die menschliche Ur-Religion zu rekonstruieren. Nach jahrzehntelanger Analyse einer Unmenge von religionsethnologischen Informationen hat er seinen eigenen Glauben an einen moralisierenden Schöpfergott in der von ihm rekonstruierten menschlichen Ur-Religion wieder entdeckt. Schmidts Rekonstruktion war tendenziös, aber er stützte sich auf ethnologisch gesicherte Belege und die von ihm gesehenen Ähnlichkeiten zwischen den Göttern vom Daramulun-Typ und dem biblischen Gott kann man nicht abstreiten. Vergleichsweise findet man in Freuds Argumentation so gut wie keine ethnologischen Einzelbelege: Der tyrannische Urvater als geopfertes Totemtier war Freuds eigene Schöpfung, seiner persönlichen Phantasie entsprungen und in einen romanhaften Rahmen eingearbeitet, alles auf der Linie des ursprünglich vorgesehenen Buchtitels: *Der Mann Moses, ein historischer Roman.*

---

[417] Thiel 1995, 260.
[418] Schebesta 1954, 696.
[419] Interview Thiel.

Freud sei alles verziehen (Schmidt nicht); denn wie gross und zahlreich auch immer seine Fehler waren,[420] so schmälern sie doch nicht seine historische Leistung als Aufklärer und Kulturreformer. Und *alle* Fehler seien ihm verziehen, weil er die männliche Verunsicherung gegenüber dem schönen Geschlecht durch die drohende Frage *Was will das Weib?* neutralisiert und die männliche Überlegenheit gerettet hat.[421]

---

[420] Siehe beispielsweise Crews 2017, sowie den Kommentar von Menand 2017, 75–82.
[421] Jones 1955, 421 n. 1.

Nachwort

Vor rund 20 Jahren habe ich erst in französischer, später auch in deutscher Sprache ein populär-wissenschaftliches Buch über die Ungeschichtlichkeit des biblischen Moses veröffentlicht (Krauss 2000b & 2001). Als literarischer roter Faden diente mir Freuds Text über den *Mann Moses und die monotheistische Religion*. Während der französische Verleger über die Anlehnung an Freud glücklich war, wollte man im deutschen Verlag davon nichts wissen, denn Freud ist bei deutschen Lesern nicht populär. Also blieben meine deutschen Texte zu Freud weitgehend unpubliziert.

In meinem Moses-Buch unterstellte ich dem als Jahwisten bekannten biblischen Dichter, dass er die Biographie eines ägyptischen Usurpators des 13. Jahrhunderts vor Christus als Rohmaterial für seine Moses-Figur verwendet hat. Das war im Sinne eines Modells gemeint, eingefügt in die Forschungsergebnisse von zwei wissenschaftlichen Disziplinen, nämlich der ägyptisch-vorderasiatischen Archäologie und der literarischen Bibelkritik. Die Gelehrten beider Disziplinen sind zu dem Schluss gekommen, dass die schriftlich fixierte biblische Geschichte bis weit in die israelitische und jüdische Königszeit hinein fingiert ist. Niels Peter Lemche hat in diesem Zusammenhang von der biblischen *Fiktionsliteratur* gesprochen (Orbis Biblicus et Orientalis 139, 1994, 64).

Freud akzeptierte Moses als geschichtliche Person, andernfalls hätte er kein Buch über den *Mann Moses* schreiben können. Aber nicht erst seit den Tagen Freuds gilt Moses bei den Alttestamentlern als eine literarische Fiktion. Wenn man darüber hinaus bedenkt, dass es vor dem 5. Jahrhundert vor Christus keine Anzeichen für die Existenz der sogenannten mosaisch-biblischen Religion gibt, dann hat Freud mit seinem Tagtraum über den *Mann Moses und die monotheistische Religion* die poetische Fiktion des Jahwisten als reale Geschichte interpretiert; die biblische Religion als geschichtliche Realität hat er auch nicht ansatzweise ins Auge gefasst.

Seit den 1960er Jahren spielte ich mit dem Gedanken Freuds Moses-Buch wissenschaftlich zu kommentieren und zwar nicht nur für ägyptologische Leser, sondern auch für Freudianer und Anti-Freudianer, Theologen, Judaisten, Ethnologen, Anthropologen und Religionshistoriker. Die französische und erst recht die deutsche Version meines eigenen Moses-Buches blieben hinter einem solchen Kommentar weit zurück. Was mich zögern liess, die Arbeit an einem ausführlichen *Mann-Moses*-Kommentar aufzunehmen, war die Befürchtung keinen willigen Verleger finden zu können. In einer entfernt ähnlichen Lage sagte sich Freud: *Ich werde diese Arbeit also nicht bekannt machen, aber das braucht mich nicht abzuhalten, sie zu schreiben*. In diesem Sinn schrieb ich in 2017/18 *pour mon propre plaisir (Salomé)* einen Kommentar zu Freuds Text und fand wider Erwarten auf Anhieb Herausgeber, die das Ms. unter Verzicht auf zensierende Eingriffe akzeptierten.

Bei der Niederschrift habe ich an keinen Zensor gedacht, weder an einen *arbiter elegantiarum*, noch an einen Lektor oder Referee. Ohne Angst vor Zensoren geriet der Text im allgemeinen ironisch und stellenweise satirisch, entsprechend meinem Verständnis von Ironie und Satire. Wohlgemerkt kann man sich über Freud selbst nicht lustig machen: seine Prosa ist ernsthaft, seine Gedankengänge logisch, zu Lachen gibt es da nichts.

Zitate und Anspielungen auf Goethe und Heine verstehen sich von selbst in einem Text, der sowohl eine *Kritik an* als auch eine *hommage à* Freud sein soll; spanische Zitate erinnern an die *en castellano* geführte Korrespondenz zwischen Freud und Eduard Silberstein. Quellenangaben, die bei Zitaten gelegentlich fehlen, kann der interessierte Leser mit Hilfe einer Suchmaschine über das Internet herausfinden. Einige Extravaganzen – wie der Gebrauch der Type & – sind von Arno Schmidt angeregt: wenn man nicht selbst kreativ ist, kann man immer jemanden nachahmen, der kreativ ist.

Wie gerne würde ich mich vom geneigten Leser mit selbstverfassten Versen verabschieden, aber da mir dichterische Begabung fehlt, zitiere ich zum Abschied Garcilaso de la Vega:

> Adiós montañas
> adiós verdes prados
> adiós computadores
> adiós amigos, adiós Juán

Bibliographie

Abraham, K. (1911): Amenhotep IV. (Echnaton). Beiträge zum Verständnis seiner Persönlichkeit und des monotheistischen Aton-Kultes, *Imago* 1, 334–360
Accame, S. (1982): La leggenda di Ciro in Erodote e in Carone di Lampsaco, *Miscellanea Greca e Romana* 8, 2–43
Achiery, H. et al. (1967): *Le temple d'Amada, IV: Dessins, Index, Tables de concordances*, Le Caire
Achiery, H. et al (1968a): *Le speos d'Ellesiya, I*, Le Caire
Achiery, H. et al (1968b): *Le speos d'Ellesiya, II*, Le Caire
Allerhand, J. (2002): *Jiddisch. Ein Lehr- und Lesebuch*, Wien
Arnold, D. (1987): *Der Pyramidenbezirk des Königs Amenemhet III. in Dahschur 1. Die Pyramide*, AV 53, Mainz
Assmann, J. (1975): Aton, in: Helck, W./E. Otto (Hrsg.): *Lexikon der Ägyptologie* I, Mainz, 526–540
Atkinson, J. J. (1903): *Primal Law*, siehe Lang, A. (1903)
Aubert, J.-F./L. Aubert (1974): *Statuettes égyptiennes: chaoubtis, ouchebtis*, Paris
Aubert, J.-F. (1976): Les statuettes funéraires de la collection Omar Pacha, *Chronique d'Egypte* LI, 58–71
Bayer, C. (2014): *Teje: die den Herrn Beider Länder mit ihrer Schönheit erfreut. Eine ikonographische Studie*, Ruhpolding
Beek, M. A. (1961): *Geschichte Israels von Abraham bis Bar Kochba*, 2. Aufl., UT 47, Stuttgart
Begrich, J. (1929): Rezension von Yahuda 1930, in: *Zeitschrift für Semitistik* 7, 86–110
Beinlich-Seeber, C. (1998): *Bibliographie Altägypten 1822–1946*, ÄA 61, Wiesbaden
Benthien, C. (2011): Antikes 'Schuldbewusstsein' und psychoanalytische Mythologie, in: Benthien, C./H. Böhme/I. Stephan (Hrsg.): *Freud und die Antike*, Göttingen, 241–267
Berger, K. (1981): *Das Buch der Jubiläen*, JSHRZ II, Gütersloh
Bergsträsser, G. (1932): Rezension von Yahuda 1930, in: *Zeitschrift für Semitistik* 8, 1–40
Bickel, S. (1997): *Untersuchungen im Totentempel des Merenptah in Theben III. Tore und andere wiederverwendete Bauteile Amenophis III.*, BÄBA 16, Stuttgart
Bittles, A. H. (2005): Genetic aspects of inbreeding and incest, in: Wolf, P./W. H. Durham (Hrsg.): *Inbreeding, incest, and the incest taboo*, Stanford, Cal., 38–60
Bonnet, H. (1952): *Reallexikon der ägyptischen Religionsgeschichte*, Berlin
Bornemann, F. N. (1982): *P. Wilhelm Schmidt S. V. D. 1868-1954*, ASVD 59, Rom
Brandewie, E. (1990): *When Giants walked the Earth. The Life and Times of Wilhelm Schmidt*, SVD, Fribourg
Brandewie, E. (2001): The Exile of Wilhelm Schmidt, S.V.D., from Austria. Causes and consequences, in: Schäufele, W.-F./M. Vinzent (Hrsg.): *Theologen im Exil –Theologie des Exils: Internationales Kolloquium 17. bis 19. November 1999 in Mainz*, TSHT 3, Mandelbachtal, 115–131
Breasted, J. H. (1933): *The Dawn of Conscience*, New York
Breasted, J. H. (1906): *A History of Egypt*, New York
Breasted, J. H. (1909): *A History of Egypt*, 2nd ed., New York
Breasted, H.J./H. Ranke (1910): *Geschichte Ägyptens*, Berlin
Bremmer, J. M./N. M. Horsfall (1987): *Roman Myth and Mythography*, London
Brockhaus Enzyklopädie (1969): 7. Band, 17. Aufl., Wiesbaden

Broze, M. (1996): *Les aventures d'Horus et Seth dans le Papyrus Chester Beatty I*, OLA 76, Leuven
Brunner, H. (1977): *Die südlichen Räume des Tempels von Luxor*, AV 18, Mainz
Caminos, R. A./T. G. H. James (1963): *Gebel es-Silsilah I. The shrines*, ASE 31, London
Caminos, R. A. (1968): *The shrines and rock-inscriptions of Ibrim*, ASE 32, London
Caminos, R. A. (1974): *The new-kingdom temples of Buhen* 1, ASE 33, London
Caminos, R. A. (1998): *The temple of Semna*, ASE 37, London
Cannuyer, C. (2002): Questions sur la religion d'Akhénaton et son prétendu monothéisme, *Mélanges de science religieuse* 59.2, 23–82
Capart, J. (1946): *Quelques observations sur la déesse d'El-Kab*, Bruxelles
Černý, J. (1942): Greek Etymology of the Name of Moses, *Annales du Service des Antiquités de l'Égypte* 41, 349–354
Chamberlain, H. S. (1899): *Die Grundlagen des 19. Jahrhunderts*, München
Clemen, C. (1928): Die Anwendung der Psychoanalyse auf Mythologie und Religionsgeschichte, *Archiv für die gesamte Pyschologie* 41, 1–128
Clemen, C. (1938): Lukians Schrift über die syrische Göttin, *Der Alte Orient* 37, 1–57
Cockburn, A. (1995): *Evolutionsökologie*, Stuttgart
Cohen, R. (2007): *Excavations at Kadesh Barnea (Tell el-Qudeirat) 1976 – 1982*, IAA 34, Jerusalem
Cramer, M. (1940): Die Inschriften der Berliner Amarnatür 20376 im Zusammenhang der Amarnatexte, *Mitteilungen des Deutschen Instituts für ägytische Altertumskunde in Kairo* 9, 120–131
Crews, F. (2017): *Freud: The Making of an Illusion*, New York
Crum, W. E. (1939): *A Coptic Dictionary*, Oxford
Dan, J. (1998): Samael and the problem of Jewish mysticism, in: Ivry, A. L. (Hrsg.), *Perspectives on Jewish thought and mysticism*, Proceedings of the international conference held by The Institute of Jewish Studies, University College London, 1994, in celebration of its fortieth anniversary, Australia, 257–276
Darwin, C. (1868): *The variation of animals and plants under domestication*, 2, London
Darwin, C. (1874): *The descent of man and selection in relation to sex, 1,2*, 2nd ed., London
Darwin, C. (1875): *Abstammung des Menschen und die geschlechtliche Zuchtwahl*, übersetzt von V. Carus, Stuttgart
Darwin, C. (1876): *The effects of cross and self fertilisation in the vegetable kingdom*, London
Davies, N. de Garis (1908a): *The Rock Tombs of El-Amarna, Part V: Smaller Tombs and Boundary Stelae*, ASE XVII, London
Davies, N. de Garis (1908b): *The Rock Tombs of El-Amarna, Part VI: Tombs of Parennefer, Tutu and Aÿ*, ASE XVIII, London
Dawson, W. R. (1951): *Who was who in Egyptology?*, London
Dawson, W. R./E. P.Uphill (1972): *Who was who in Egyptology?*, 2nd rev. ed., London 1972
Delia, R. D. (1999): Palimpsests, Copyists, Atenists and Others at the First Cataract, *Journal of the American Research Center in Egypt* 36, 103–122
Desroches-Noblecourt, C., et al. (1968) siehe Achiery, H. et al (1968a)
Dewachter, M. (1970): Nubie – Notes diverses, *Bulletin de l'Institut Française d'Archéologie Orientale* 70, 83–117
Dietrich, S. (1992): Mission, Local Culture and the ‚Catholic Ethnology' of Pater Schmidt, *Journal of the Anthropological Society of Oxford* XXIII.2, 111–125
Dothan, M. (1965): The Fortress at Kadesh Barnea, *Israel Exploration Journal* 15, 134–151

Drioton, E. (1943): Trois documents d'époque amarnienne, *Annales du Service des Antiquités de l'Égypte* 43, 15–43

Dunham, D. (1970): *The Barkal Temples*, Boston

Durkheim, E. (1912): *Les formes élémentaires de la vie religieuse. Le système totémique en Australie*, Paris

Eaton-Krauss, M. (2003): Restorations and Erasures in the Post-Amarna Period, in: Hawass, Z. (Hrsg.): *Egyptology at the Dawn of the Twenty-First Century, Proceedings of the Eighth International Congress of Egyptologists*, Cairo 2000, vol. 2, 194–202

Eissfeldt, O. (1959): Jahwe, in: Galling, K. (Hrsg.): *Die Religion in Geschichte und Gegenwart*, III, 3. Aufl., Tübingen, 515–516

Epigraphic Survey OIC (1980): *The Tomb of Kheruef: Theban Tomb 192*, OIP 102, Chicago

Erman, A. (1890): Neues aus den Tafeln von el Amarna, *Zeitschrift für ägyptische Sprache und Altertumskunde* 28, 112

Feldman, L. H. (2000): Judean Antiquities 1–4, in: Mason, S. (Hrsg.): *Flavius Josephus, Translation and Commentary*, III, Leiden

Flaubert, G. (1971): *Salammbô*, Oeuvres complètes de Flaubert, Tome 2, Paris 1971

Ford, H. J. (1904): Review of Lang, Social origins & Atkinson, Primal Law, *American Journal of Sociology* 9.6, 840–843

Frazer, J. G. (1907): *The Golden Bough. A Study in Magic and Religion*, 3rd ed., Part IV. Adonis, Attis, Osiris, SHOR I.II, London

Freud, S.: *Gesammelte Werke*, chronologisch geordnet, London & Frankfurt
– (1942): II./III. Band, *Die Traumdeutung, Über den Traum*, Frankfurt
– (1940): VI. Band, *Der Witz und seine Beziehung zum Unbewussten*, London
– (1940): IX. Band, *Totem und Tabu*, London
– (1945): VIII. Band, *Werke aus den Jahren* 1909–1913, Frankfurt
– (1948): XIV. Band, *Werke aus den Jahren* 1925–1931, Frankfurt
– (1950): XVI. Band, *Werke aus den Jahren 1932–1939*, Frankfurt
– (1968c): XVIII. Band, *Gesamtregister*, 4. korrigierte Aufl., Frankfurt
– (1987): XIX. Band, Nachtragsband, *Texte aus den Jahren 1885 bis 1938*, Frankfurt

Freud, S. (1968a): *Sigmund Freud – Arnold Zweig, Briefwechsel*, Frankfurt

Freud, S. (1968b): *Briefe 1873 – 1939*. Ausgewählt und herausgegeben von E. und L. Freud, 2. erweiterte Aufl., Frankfurt

Freud, S. (2014): Noth, I. /C. Morgenthaler (Hrsg.): *Sigmund Freud – Oskar Pfister, Briefwechsel 1909–1939*, Zürich

Freud's Library (2006): Davies, J. K./G. Fichtner (Hrsg.): *Freud's Library, A comprehensive catalogue / Freuds Bibliothek, Vollständiger Katalog*, London & Tübingen

Freedman, D. N./P. O'Connor (1982): JHWH, in: Botterweck, G. J./H. Ringgren (Hrsg.): *Theologisches Wörterbuch zum Alten Testament* III, Stuttgart, 533–554

Gabolde, L. (2014): Les origines de Karnak et la genèse de la théologie d'Amon, *Bulletin de la Société Française d'Egyptologie* 186/187, 13–35

Gabolde, L. (2018): *Karnak, Amon-Ré: la genèse d'un temple, la naissance d'un dieu*, BdE 167, Le Caire

Gabolde, M. (1998): *D'Akhenaton à Toutânkhamon*, Lyon

Gabolde, M. (2005): Asassiner le Pharaon!, *Akhénaton et l'époque amarnienne: Bibliothèque d'Egypte Afrique & Orient*, Paris, 247–260

Gardiner, A. H. (1936): On the Egyptian Origin of English Personal Names, *Journal of the American Oriental Society* 56, 189–197

Gardiner, A. H. (1957): *Egyptian Grammar*, 3rd ed., Oxford
Gay, P. (1989): *Freud. Eine Biographie für unsere Zeit*, Frankfurt
Gesenius, W. (1987–2012): *Hebräisches und aramäisches Handwörterbuch über das Alte Testament*, 18. Aufl., Berlin
Goethe, J. W. (1887): *Johann Wolfgang Goethe, Werke*, 1, Weimar
Goethe, J. W. (1888): *Werke*, 7, Weimar
Goethe, J. W. (1998): *West-östlicher Divan*, in: Richter, K. (Hrsg.): Goethe, Sämtliche Werke, Münchner Ausgabe, Band 11.1.2 , München
Goldenweiser, A. A. (1910): Totemism, an analytical study, *Journal of American Folklore* 23, 179–293
Grabbe, C. D. (1827): *Scherz, Satire, Ironie und tiefere Bedeutung*, Ein Lustspiel in drei Aufzügen
Graupner, A. (2016): Ein Berg in Arabien (Gal 4,25). Sinai – Gottesberg – Horeb, in: J. Flebbe (Hrsg.): *Holy Places in the Bible and Extrabiblical Traditions*, Proceedings of the Bonn-Leiden-Oxford Colloquium on Biblical Studies, Bonn, 13–22
Gressmann, H. (1913): *Mose und seine Zeit*, Göttingen
Griffith, F. Ll. (1909): Apotheosis by drowning, *Zeitschrift für ägyptische Sprache und Altertumskunde* 46, 132–134
Griffiths, J. G. (1953): The Egyptian derivation of the name Moses, *Journal of Near Eastern Studies* 12, 225–231
Groves, C. P. (2003): A history of gorilla taxonomy, in: Taylor, A.B./M. L. Goldschmidt (Hrsg.): *Gorilla Biology: A multidisciplinary Perspective*, Cambridge, 15–34
Grubrich-Simitis, I. (1974): Editorische Vorbemerkung, in: *Sigmund Freud, Studienausgabe*, Band IX, Frankfurt, 457–458
Guermeur, I. (2005): *Les cultes d'Amon hors de Thèbes*, BEHE 123, Turnhout
Gunkel, H. (1926): *Die Psalmen*, 4. Aufl., GHKAT II.2, Göttingen
Hari, R. (1984): La religion amarnienne et la tradition polytheiste, in: F. Junge (Hrsg.): *Studien zur Sprache und Religion Ägyptens zu Ehren von Wolfhart Westendorf*, 2, Göttingen, 1039–1055
Hari, R. (1985): *La tombe thébaine du père divin Neferhotpe: TT 50*, Genève
Harnack, A. von (1924): *Marcion. Das Evangelium vom fremden Gott*, 2. Aufl., Leipzig
Heine, H. (1915?): *Heinrich Heines sämtliche Werke in zwölf Bänden. Dritter Band*, Berlin NO
Heine, H. (1992a,b): Windfuhr, M. (Hrsg.): *Heinrich Heine, Historisch-kritische Gesamtausgabe der Werke*, 3/1,2 Hamburg
Heine, H. (1982): Geständnisse, in: Windfuhr, M. (Hrsg.): *Heinrich Heine, Historisch-kritische Gesamtausgabe der Werke*, 15, Hamburg
Helck, W. (1980): Ein 'Feldzug' unter Amenophis IV. in Nubien, *Studien zur altägyptischen Kultur* 8, 117–126
Henninger, J. (1955): Ist der sogenannte Nilus-Bericht eine brauchbare religionsgeschichtliche Quelle?, *Anthropos* 50, 81–148
Haussig, H. W. (Hg.) (1963): *Herodot Historien*, übersetzt von A. Horneffer, 3. Aufl., Stuttgart
Heussi, K. (1917): *Untersuchungen zu Nilus dem Asketen*, TUGAL 42.2, Leipzig
Hoffmeier, J. K. (2015/16): The great hymn of the Aten: The ultimate expression of Atenism?, *Journal for the Study of Egyptian Antiquities* 42, 43–52
Hoffmeier, J. K./J. van Dijk (2010): New light on the Amarna Period from North Sinai, *Journal of Egyptian Archaeology* 96, 92–205
Holzinger, H. (1909): Das zweite Buch Mose oder Exodus, in: E. Kautzsch (Hrsg.): *Die Heilige Schrift des Alten Testamentes*, 3. Auflage, Tübingen, Kapitel 1–24, 32–34

Hope, C. A./A. R. Warfe (2017): The proscription of Seth revisited, in: Biase-Dyson, Di C./L. Donovan (Hrsg.): *The cultural manifestations of religious experience: studies in honour of Boyo B. Ockinga*, ÄAT 85, Münster, 273–283
Hornung, E. (1964): *Untersuchungen zur Chronologie und Geschichte des Neuen Reiches*, ÄA 11, Wiesbaden
Hornung, E. (1971): Gedanken zur Kunst der Amarnazeit, *Zeitschrift für ägyptische Sprache und Altertumskunde* 97, 74–78
Hornung, E. (1995): *Echnaton – Die Religion des Lichtes*, Zürich
Howitt, A. W. (1904): *The native tribes of south-east Australia*, London
Buttrick, G. A. (Hrsg.) (1962): *The Interpreter's Dictionary of the Bible* III, New York
Jenni, E. (1981): *Lehrbuch der hebräischen Sprache des Alten Testamentes*, 2. Aufl., Basel
Jeremias, J. (1942): Μωυσης, in: G. Kittel *(Hrsg.): Theologisches Wörterbuch zum Neuen Testament*, Stuttgart, 852–878
Johnson, W. R. (2001): Monuments and Monumental Art under Amenhotep III: Evolution and Meaning, in: D. O'Connor, D./Cline, E. H. (Hrsg.), *Amenhotep III: Perspectives on his Reign*, Ann Arbor, 63–94
Jones, E. (1962): *Das Leben und Werk von Sigmund Freud, III. Die letzte Phase 1919–1939*, Bern
Jones, E. (1955): *Sigmund Freud. Life and Work*, II, London
Jones, S. (2009): *Darwin's island: the Galapagos in the garden of England*, London
Junge, F. (1987): *Elephantine XI. Funde und Bauteile. 1.–7. Kampagne, 1969–1976*, AV 49, Mainz
Kahl, J. (2007): *Ra is my lord*, Wiesbaden
Kees, H. (1923), siehe Weigall, A. (1923)
Kinder- und Haus-Märchen (1985): Rölleke, H. (Hrsg.): *Vollständige Ausgabe auf der Grundlage der dritten Auflage (1837), gesammelt durch die Brüder Grimm*, Frankfurt
Kinyongo, J. (1970): *Origine et signification du nom divin Yahvé à la lumière de récents travaux et de traditions sémito-bibliques*, BBB 35, Bonn
Kipling, R. (1894): *The Jungle Book*, London
Kock, B. (1927): Lupa, in: Kroll, W. (Hrsg.): *Paulys Real-Encyclopädie der classischen Altertumswissenschaft* XIII, Stuttgart, 1814–1815
Knauf, E. A. (1988): *Midian. Untersuchungen zur Geschichte Palästinas und Nordarabiens am Ende des 2. Jahrtausends v. Chr.*, ADPV 10, Wiesbaden
Kohut, A. (1867): Was hat die talmudische Eschatologie aus dem Parsismus aufgenommen?, *Zeitschrift der Deutschen Morgenländischen Gesellschaft* 21, 552–591
Koppers, W. (Hrsg.) (1928): *Festschrift. Publication d'hommage offerte à P. W. Schmidt*, Wien
Kraus, H.-J. (1989): *Psalmen*, 2. Teilband, 6. Aufl., BK 15, Neukirchen-Vluyn
Krauss, R. (1986): Zwei Beispiele für Echtheitsuntersuchungen an Aegyptiaca, *Jahrbuch Preussischer Kulturbesitz* 23, 155–173
Krauss, R. (1991): Die amarnazeitliche Familienstele Berlin 14145, *Jahrbuch der Berliner Museen* 33, 7–36
Krauss, R. (2000a): Akhenaten: Monotheist? Polytheist?, *Bulletin of The Australian Centre for Egyptology* 11, 93–101
Krauss, R. (2000b): *Moïse Le Pharaon*, Paris
Krauss, R. (2001): Das *Moses-Rätsel*, München
Krauss, R. (2012): Ludwig Borchardts Fälschungen-Recherche von 1930 aus den Quellen neu erzählt, *Egyptian and Egyptological Documents Archives Libraries* 3, 121–161

Bibliographie

Krauss, R. (2016a): Stellar and Solar Components in Ancient Egyptian Mythology and Royal Ideology, in: Rappenglück, M.A./B. Rappenglück/ N. Campion/F. Silva (Hrsg.): *Astronomy and Power: How Worlds are Structured*, Proceedings of the SEAC 2010 Conference, BAR 2794, Oxford, 137–141

Krauss, R. (2016b): Beiträge zum ןפש (Klippschliefer, rock badger, daman) in der Wissenschaftsgeschichte vom 17. Jahrhundert bis heute, *Biblische Notizen* 169, 111–128

Labow, D. (2005): *Flavius Josephus, Contra Apionem, Buch I*, Stuttgart

Lagarde, P. de (1867): *Der Pentateuch koptisch*, Leipzig

Lang, A. (1909): *The Making of Religion*, 3rd ed., London

Lang, A. (1903): *Social Origins* & Atkinson, J. J., *Primal Law*, London, New York, Bombay

Lepsius, C. R. (1852): Über den ersten ägyptischen Götterkreis und seine geschichtlich-mythologische Entstehung, in: *Abhandlungen der Königlichen Preussischen Akademie der Wissenschaften zu Berlin* 1851, Berlin,157–214

Lévi-Strauss, C. (1962): *Le Totémisme aujourd'hui*, Paris

Lewis, B. (1980): *The Sargon Legend. A study of the Akkadian text and the tale of the hero who was exposed at birth*, ASOR 4, Cambridge, Mass.

Lötzsch, R. (1992): *Duden Jiddisches Wörterbuch*, 2. Aufl., Mannheim

Loprieno, A. (1998): *Nḥsj*, „der Südländer"?, in: H. Guksch/D. Polz (Hrsg.): *Stationen: Beiträge zur Kulturgeschichte Ägyptens, Rainer Stadelmann gewidmet*, Mainz, 211–217

Luiselli, M. M. (2015): Early Mut(s). On the origin of the Theban goddess Mut and her cult, *Revue d'Égyptologie* 66, 111–127

Lull, J. (2004): *La astronomía en el antiguo Egipto*, PUV 110, Valencia

Luther, M. (1899): *D. Martin Luthers Werke*, Kritische Gesamtausgabe, 16. Band, Weimar

Luther, M. (1911): *D. Martin Luthers Werke*, Kritische Gesamtausgabe, Weimarer Ausgabe, Die deutsche Bibel, 3. Band, Weimar 1911

Luther, M. (1972): *D. Martin Luthers Werke*, Kritische Gesamtausgabe, Weimarer Ausgabe. Die deutsche Bibel, 8. Band, Weimar

Mallory, J. P. (1989): *In search of the Indo-Europeans. Language, Archaeology and Myth*, London

Mann, Th. (1936): Freud und die Zukunft, *Imago* 22.3, 257–274

Martin, G. T. (1974): *The royal tomb at El-'Amarna. 1. The objects*, RTA 7, London

Maspero, G. (1902): Note sur le pyramidion d'Amenemhaît III à Dahchour, *Annales du Sevice des Antiquités de l'Ègypte* 3, 206–208, avec 1 planche

Mayrhofer, M. (1966): *Die Indo-Arier im alten Vorderasien*, Wiesbaden

Mayrhofer, M. (1968): Die Rekonstruktion des Medischen, in: *Anzeiger der österreichischen Akademie der Wissenschaften, phil.-hist. Klasse* 105, Nr. 1, 1–22

McClymont, A. (2017): Historiography and methodology in the study of Amarna Period erasures, in: Biase-Dyson, Di C./L. Donovan (Hrsg.): *The cultural manifestations of religious experience: studies in honour of Boyo B. Ockinga*, ÄAT 85, Münster, 31–39

Menand, L. (August 28, 2017): The stone guest. Can Sigmund Freud ever be killed?, *The New Yorker*, 75–82

Mereschkowskij, D. (1924): *Tut-ench-amon auf Kreta. Die Geburt der Götter I*, Deutsch von Eliasberg, A./H. Ruoff , München

Mereschkowskij, D. (1927): *Der Messias*, Roman, Deutsch von Guenther, J. v., Leipzig & Zürich

Meyer, E. (1906): *Die Israeliten und ihre Nachbarstämme*, Halle

Migne, J.-P. (Hrsg.) (1865): *Patrologiae Cursus Completus, Patrologia Graeca*, Vol. 79, Paris

Moritz, K. P. (1790): *Anton Reiser. Ein psychologischer Roman*, IV. Teil, Berlin

Müller, J. G. (1872): *Die Semiten in ihrem Verhältniss zu den Chamiten und Japhetiten*, Gotha
Münzer, F. (1909): Fabius Pictor, Wissowa, G. (Hrsg.): *Paulys Real-Encyclopädie der classischen Altertumswissenschaft* VI, Stuttgart, 1836–1842
Murnane, W. J. (1995): *Texts from the Amarna Period in Egypt*, Atlanta
Musil, A. (1911): Im nördlichen Hegâz: Vorbericht über die Forschungsreise 1910, *Anzeiger der kaiserlichen Akademie der Wissenschaften Wien*, phil.-hist. Cl. 48, 139–159
Musil, A. (1926): *The Northern ḤEĞÂZ. A Topographical Itinerary*, American Geographical Society, Oriental Explorations and Studies 1
Nestle, E. (1907): Miscellen. Moses -Moyses, *Zeitschrift für die Alttestamentliche Wissenschaft* 27, 111–113
Neumann, Maur van Padang (1963): *Catalogue of the active volcanoes of the world. Part XVI. Catalogue of the active volcanoes and solfatara fields of Arabia and the Indian Ocean*, Roma
Niese, B. (1887): *Flavii Iosephi Opera, Vol. I, Antiquitatum Iudaicarum Libri I-V*, Berolini
Niese, B. (1889): *Flavii Iosephi Opera, Vol. V, De Iudaeorum vetustate sive contra Apionem, Libri II*, Berolini
N. N. (1929): *Collection de feu Omar Pacha Sultan (Le Caire)*, Paris
Noerdlinger, H. S. (1956): *Moses and Egypt: the documentation to the Motion Picture The Ten Commandments. With an introduction by Cecil B. deMille*, Los Angeles
Noth, M. (1940): Der Wallfahrtsweg zum Sinai (4. Mose 33), *Palästinajahrbuch* 36, 5–28
Osswald, O. (1962): *Das Bild des Mose in der kritischen alttestamentlichen Wissenschaft seit Julius Wellhausen*, TA 18, Berlin
Pape, C. (2006): *„So erniedrigt wurde das menschliche Wesen wohl nie, wie durch die Psychoanalyse". Katholische Kritik an der Psychoanalyse in der Ersten Republik*, Diplomarbeit, Universität Wien
Peet, T. E. (1930): Rezension von Yahuda 1930, in: *Journal of Egyptian Archaeology* 16, 157–160
Pendlebury, J. D. S. (1951): *The City of Akhenaten* III.2, MES 42.2, London
ПЕРЕПЕЛКИН, Ю. Я. (1967): *ПЕРЕВОРОТ АМЕН-ХОТПА IV*, МОСКВА
Pfister, O. (1914): Echnaton, *Wissen und Leben. Schweizerische Halbmonatsschrift* XIV, 105–115, 161–164
Philo (1967): *Les Oeuvres de Philon d'Alexandrie*, XXII, *De vita Mosis I–II*, Introduction, traduction et notes par Arnaldez, R./C. Mondésert/ J. Pouilloux/ P. Savinel, Paris
Plutarch (1920): *Plutarch's Lives*, IX, with an English translation by B. Perrin, Loeb Classical Library, Cambridge, Mass.
Popper-Lynkeus, J. (1899): *Phantasien eines Realisten*, Dresden
Porter, B./R. L. B. Moss (1934): *Topographical Bibliography of Ancient Egyptian Hieroglyphic Texts, Reliefs, and Paintings, IV, Lower and Middle Egypt*, Oxford
Pusey, A. (2005): Inbreeding avoidance in primates, in: Wolf, P./W. H. Durham (Hrsg.): *Inbreeding, incest, and the incest taboo*, Stanford, Cal., 61–75
Rank, O. (1909): *Der Mythus von der Geburt des Helden: Versuch einer psychologischen Mythendeutung*, SAS 5, Leipzig
Rank, O (1922): *Der Mythus von der Geburt des Helden: Versuch einer psychologischen Mythendeutung*, 2. Aufl., SAS 5, Leipzig
Ranke, H., siehe Breasted/Ranke
Ranke, H. (1952): *Die ägyptischen Personennamen* II, Glückstadt

Redford, D. B. (1987): The Monotheism of the Heretic Pharaoh, *Biblical Archaeology Review* XIII.3, 30

Reinach, S. (1905): *Cultes, mythes et religions* I, Paris

Roeder, G. (1924): *Aegyptische Inschriften aus den Staatlichen Museen zu Berlin* II, Leipzig

Roehrig, C. H. (1990): *The Eighteenth Dynasty titles royal nurse (mnᶜt nswt), royal tutor (mnᶜt nswt), and foster brother/sister of the Lord of the Two Lands (sn/snt mnᶜt nb t3wy)*, Dissertation, Berkeley

Saad, R. (1972): *Les martelages de la XVIIIe dynastie dans le temple d'Amon-Re à Karnak*, Dissertation, Université de Lyon

Savage, T. S./J. Wyman (1845–1847): Notice of the external characters and habits of Troglodytes gorilla, a new species of Orang from the Gaboon River; osteology of the same, *Boston Journal of Natural History* 5, 417–443

Schaudig, H. (2012): Death of statues and rebirth of gods, in: N. N. May (Hrsg.): *Iconoclasm and text destruction in the ancient Near East and beyond*, OIS 8, Chicago, 123–149

Schäfer, H. (1918): Altes und Neues zur Kunst und Religion von Tell el-Amarna, *Zeitschrift für ägyptische Sprache und Altertumskunde* 55, 1–42

Schäfer, H. (1919/20): Eine Überraschung beim Reinigen eines Reliefs aus der Reformationszeit von El-Amarna, *Berliner Museen. Berichte aus den Preussischen Kunstsammlungen* 41, 158–163

Schebesta, P. (1954): Das Problem des Urmonotheismus. Kritik einer Kritik, *Anthropos* 49, 689–697

Schiff-Giorgini, M. (1998): *Soleb V. Le temple, les bas-reliefs et inscriptions*, BGIFAO 19, Le Caire

Schlesier, R. (1993): Jerusalem mit der Seele suchen – Mythos und Judentum bei Freud, in: Graf, F. (Hrsg.): *Mythos in mythenloser Gesellschaft*, Colloquium Rauricum 3, Stuttgart, 230–267

Schmidt, A. (1975): *Nachrichten aus dem Leben eines Lords: Angria & Gondal. Der Traum der taubengrauen Schwestern*, Frankfurt

Schmidt, W. (1928–1929a): Prof. Dr. Freuds psychoanalytische Theorie zum Ursprung der Familie und der Religion, *Schönere Zukunft. Kulturelle Wochenschrift.* IV. Jahrgang. Nr. 13 (23. Dezember 1928) 263–265; Nr. 14 (6. Januar 1929) 287–289; Nr. 15 (13. Januar 1929) 308–310.

Schmidt, W. (1928–1929b): Eine wissenschaftliche Abrechnung mit der Psychoanalyse, in: *Das Neue Reich. Wochenschrift für Kultur, Politik und Volkswirtschaft,* 11. Jahrgang, 266–267

Schmidt, W. (1929): *Der Ödipus-Komplex der Freudschen Psychoanalyse und die Ehegestaltung des Bolschewismus. Eine kritische Prüfung ihrer Grundlagen*, Berlin & Wien

Schmidt, W. (1930): *Handbuch der vergleichenden Religionsgeschichte zum Gebrauch für Vorlesungen an Universitäten, Seminarien usw. und zum Selbststudium. Ursprung und Werden der Religion. Theorien und Tatsachen*, Münster i. W.

Schmidt, W. (1935): *Der Ursprung der Gottesidee. Band VI. Endsynthese der Religionen der Urvölker Amerikas, Asiens, Australiens, Afrikas*, Münster i. W.

Schneider, H. D. (1977): *Shabtis 1. An introduction to the history of ancient Egyptian funerary statuettes*, Leiden

Schott, S. (1929): *Urkunden mythologischen Inhalts. Bücher und Sprüche gegen den Gott Seth*, UAeA VI.1, Leipzig

Schwankl, O. (1987): *Die Sadduzäerfrage (Mk 12,18-27 parr). Eine Exegetisch-theologische Studie zur Auferstehungserwartung*, BBB 66, Frankfurt

Scrogham, R. E. (1998): The echo of the name Ioakanann in Flaubert's Hérodias, *The French Review* 71.5, 775–784

Seidel, M. (1996): *Die königlichen Statuengruppen. 1: Die Denkmäler vom Alten Reich bis zum Ende der 18. Dynastie*, HÄB 42, Hildesheim

Seidlmayer, S. (1980): Anhang, Die Inschriften, in: Borchardt, L./H.Ricke, *Die Wohnhäuser in Tell El-Amarna*, WVDOG 91, Berlin, 339–347.

Sellin, E. (1922): *Mose und seine Bedeutung*, Leipzig & Erlangen

Shostak, M. (1981): Nisa, *The Life and Words of a !Kung Woman*, Cambridge, Mass.

Shostak, M. (1982): *Nisa erzählt. Das Leben einer Nomadenfrau in Afrika*, Reinbek

Smith, M. S. (2008); *God in Translation. Deities in Cross-Cultural Discourse in the Biblical World*, FAT 57, Tübingen

Smith, W. Robertson (1907): *Lectures on the Religion of the Semites, First series. The fundamental institutions*, 2nd rev. ed. [Burnett Lectures 1888–1889], London

Steiger, R. (1984): *Goethes Leben von Tag zu Tag. Eine dokumentarische Chronik, III, 1789–1798*, Zürich

Steindorff, G. (1937), *Aniba* II, Text, Glückstadt

Stevens, A. (2006): *Private Religion at Amarna. The material evidence*, BAR 1587, Oxford

Szpakowska, K. (2003): Playing with fire: initial observations on the religious uses of clay cobras from Amarna, *Journal of the American Research Centre in Egypt* 40, 113–122

Szpakowska, K. (2012): Striking cobras spitting fire, *Archiv für Religionsgeschichte* 14, 27–46

Tavernier, J. (2007): *Iranica in the Achaemenid period (ca. 550 – 330 B.C.): Lexikon of old Iranian proper names and loanwords, attested in non-Iranian texts*, Leuven

Thiel, J. F. (1984): Religionsethnologie: Grundbegriffe der Religionen schriftloser Völker, CIA 33, Berlin

Thiel, J. F. (1995): Der Urmonotheismus des P. Wilhelm Schmidt und seine Geschichte, in: Rupp-Eisenreich, B./J. Stagl (Hrsg.): *Kulturwissenschaft im Vielvölkerstaat / L'anthropologie et l'état pluri-culturel*, Ethnologica Austriaca I, Wien, 256–267

Thissen, H. J. (2004): Zum Namen „Moses", *Rheinisches Museum für Philologie* 147, 55–62

Thissen, H. J. (2006): Adolf Erman und die Gründung des Deutschen Archäologischen Instituts in Kairo, in: B. U. Schipper (Hrsg.), *Ägyptologie als Wissenschaft*, Berlin, 193–201

Traunecker, C. (1984): Données nouvelles sur le début au [sic] règne d'Aménophis IV et son oeuvre à Karnak, *Journal for the Study of Egyptian Antiquities* 14.1, 60–69

Traunecker, C. (2005): Amenhotep IV. Percepteur royal du disque, in: *Akhénaton et l'époque amarnienne: Bibliothèque d'Egypte Afrique & Orient*, Paris, 145–182

Vandier, J. (1961): *Le Papyrus Jumilhac*, Paris

Vatke, W. (1835): *Die Religion des Alten Testamentes nach den Kanonischen Büchern entwickelt*, Berlin

Velde, H. te (1982): Mut, in: Helck, W./W. Westendorf (Hrsg.), *Lexikon der Ägyptologie* IV, Wiesbaden

Vitale, M. (1987): Dottrina e lingua di G. F. Achillini teorioco della lingua cortigiana, in: Holtus, G./J. Kramer (Hrsg.): *Romania et Slavia Adriatica, Festschrift für Žarko Muljačić*, Hamburg, 511–524

Volney, Constantin-François de Chasseboeuf, comte de (1791): *Les Ruines, ou Méditation sur les révolutions des empires*, Paris

Warburg, M. (1989): William Robertson Smith and the study of religion, *Religion* 19, 41–61

Watts, D. P. (2003): Gorilla social relationship: A comparative overview, in: Taylor, A. B. (Hrsg.): *Gorilla Biology*, Cambridge, 302–327

Watzinger, C. (1926): Zur Chronologie der Schichten von Jericho, *Zeitschrift der Deutschen Morgenländischen Gesellschaft* 80, 131–136

Weigall, A. (1010): *The Life and Times of Akhnaton*, Edinburgh

Weigall, A. (1922): *The Life and Times of Akhnaton. Pharaoh of Egypt*, London

Weigall, A. (1923): *Echnaton. König von Ägypten und seine Zeit*, Deutsch von H. Kees, Basel

Westermarck, E. (1902): *Geschichte der menschlichen Ehe*, 2. Aufl., Berlin

Wilkinson, J. Gardner (1850): *The architecture of Ancient Egypt*, London

Wissmann, H. v. (1970): Μαδιάμα und Μοδιάνα, in: Kroll, W./K. Mittelhaus (Hrsg.): *Paulys Real-Encyclopädie der classischen Altertumswissenschaft*, Supplementband 12, Stuttgart, 526–552

Wissowa, G. (1902): *Religion und Kultus der Römer*, HKAW V.4, München

Yahuda, A. (1930): Eine Erwiderung auf Wilhelm Spiegelbergs 'Ägyptologische Bemerkungen' zu meinem Buche 'Die Sprache des Pentateuch', *Zeitschrift für Semitistik* 7.2, 1–3

Zweig, A. (1927): Amerikanische Schöpfungsromanze, *Die Weltbühne* 23.1, 867–868

Zweig, S. (1987): J. B. Berlin, J. B./H.-U. Lindken/D. A. Prater (Hrsg.): *Stefan Zweig: Briefwechsel mit Hermann Bahr, Sigmund Freud, Rainer Maria Rilke und Arthur Schnitzler*, Frankfurt